Bienvenue à Genève

Arriver à Genève 5
Les immanquables 6
Nos coups de cœur 8
Genève en 3 jours 10

Maison des Paons, détail.
A. de Valroger / Michelin

BONGENIE
PAYOT
tpg
PKZ

Arriver à Genève

EN TRAIN

Gare Cornavin – Pl. Cornavin - ✆ 0900 300 300 - www.cff.ch.

Depuis la gare Cornavin

La gare se trouve dans le quartier des Pâquis, à environ 10mn en tram et 15mn à pied de la Ville Haute.

TPG (Transports publics genevois) – Une dizaine de lignes d'autobus et de tramways desservent la gare et permettent de rejoindre n'importe quel quartier de la ville en quelques minutes. Les trams 14 *(direction Meyrin - ligne bleue)* et 15 *(direction Nations - ligne marron)* desservent le CERN et le quartier des Nations.

EN AVION

Aéroport international de Genève Cointrin – 5 km au nord-ouest de la ville - ✆ 0900 571 500 ou 022 717 71 11 - www.gva.ch - 4h-0h.

Depuis l'aéroport

En transports en commun – À côté des tapis roulants à bagages, il existe des distributeurs où vous pourrez vous procurer gratuitement un billet de transports en commun pour rejoindre le centre-ville.

En train – La gare de Genève-Aéroport est accessible en 5mn à pied. Vous pouvez monter dans n'importe quel train, tous vont à la gare Cornavin (env. 7mn de trajet).

En autobus – Sortez par la porte 1 au niveau des enregistrements (attention : ne pas suivre les indications « City bus »). Les arrêts se trouvent devant et sur le côté de la gare SBB-CFF-FFS. Prenez le bus 5, 10 ou F pour rejoindre le centre-ville, le bus 10 ou 28 pour le quartier des Nations.

En taxi – Comptez 15 à 20mn pour vous rendre au centre-ville *(entre 35 et 45 CHF)*.

Tram de Genève.

Anna Bryukhanova / iStock

Spécial transports urbains

*Les bus, trams et trolleybus de Genève circulent de 5h à 0h30. Le réseau est très complet et d'une efficacité légendaire ; pratiquement toutes les lignes passent par la gare Cornavin. Si vous résidez dans un hôtel, une auberge de jeunesse ou un camping, demandez la **Geneva Transport Card** qui vous permettra d'emprunter gratuitement tous les moyens de transport publics du canton de Genève pendant toute la durée de votre séjour. Dans le cas contraire, comptez 3 CHF pour un billet normal (valable 1h), 2 CHF pour un billet pour un trajet très court (de 3 arrêts maximum) ou 10 CHF pour une carte valable 24h.*

***Informations sur le site de la TPG (Transports publics genevois)** – www.tpg.ch.*

Plan des transports en commun au verso du plan détachable.

Les immanquables

notre sélection des plus beaux sites

Parcs Mon Repos★★
Plan détachable D1 - p. 56

Musée Ariana★★
Plan Quartier des Nations p. 52 - p. 53

Musée international de la Croix-Rouge et du Croissant-Rouge★★
Plan Quartier des Nations p. 52 - p. 55

Musée international de la Réforme★★
Plan détachable C6 - p. 21

Palais des Nations★★
Plan Quartier des Nations p. 52 - p. 50

Patek Philippe Museum★★
Plan détachable A7 - p. 38

Fondation Bodmer★★
Hors plan détachable par H2 - p. 64

Cathédrale St-Pierre★★
Plan détachable C6-7 - p. 16

Nos coups de cœur

Fermer les yeux de plaisir en goûtant un pavé de Genève. Ce petit cube au goût de noisette enrobé d'une fine couche de cacao fond délicieusement dans la bouche. Créé en 1936 dans une pâtisserie non loin de la place du Molard dont il reproduit les pavés, il est devenu le meilleur ambassadeur de la ville. Vous en trouverez dans toutes les chocolateries de la ville. *Voir p. 84 et 136.*

Se sentir au centre du monde en parcourant les salles du palais des Nations. En particulier, l'extraordinaire salle des Droits de l'Homme et de l'Alliance des civilisations et sa voûte à la fois marine, rupestre et galactique, œuvre monumentale de Miquel Barceló, don de l'Espagne aux Nations Unies. *Voir p. 50.*

S'émouvoir devant le manuscrit coupé d'un évangile selon saint Jean. Datant du 2e s., il est conservé à la Fondation Bodmer, lieu exceptionnel sur la colline de Cologny avec une vue magnifique sur le lac Léman et Genève. *Voir p. 64.*

Regarder Ferdinand Hodler droit dans les yeux. Son étonnant autoportrait conservé au musée d'Art et d'Histoire vous fera redécouvrir la force de la peinture d'un des maîtres du symbolisme, qui œuvra de la fin du 19e s. et du début du 20e s. *Voir p. 32.*

Appuyer sur le bouton qui met en marche le Jet d'eau. Il suffit de se présenter 10mn avant le démarrage au début de la jetée qui mène au Jet d'eau (à 9h l'été et à 10h l'hiver) et de guetter l'arrivée d'Antonio dell'Acqua (ça ne s'invente pas!), qui en est le responsable depuis plus de 15 ans. *Voir p. 30.*

S'émerveiller devant les trésors de la collection Barbier-Mueller. La plus importante collection privée d'art des civilisations lointaines au monde est

Arco/ J. Pfeiffer / age fotostock

Salle des Droits de l'Homme et de l'Alliance des civilisations du palais des Nations.

CSP_shadow69 / age fotostock

Mur des Réformateurs.

située dans une maison du 16e s. au cœur de la Ville Haute. *Voir p. 22.*

Méditer devant le Mur des Réformateurs sur la tolérance religieuse. On peut aussi programmer une visite au musée de la Réforme pour comprendre les fondements du calvinisme. *Voir p. 24.*

Découvrir un aspect méconnu et très attachant de Genève en allant prendre un café aux Bains des Pâquis. *Voir p. 46.*

Faire du lèche-vitrines devant les horlogers et bijoutiers de la rue du Rhône où se trouve la plus importante densité de diamants au mètre carré au monde! *Voir p. 26.*

Suivre les pas de Jean-Jacques Rousseau. Se promener le long du Rhône, au pied des falaises de Saint-Jean, dans une végétation luxuriante au bord d'une eau transparente. *Voir p. 69.*

S'asseoir au bord du lac sous un saule du parc Mon Repos. Ne rien faire. Juste regarder. La couleur de l'eau et du ciel qui vire du bleu au rose, le vol incessant des centaines de mouettes au-dessus de l'eau, les grands bateaux blancs Belle Époque qui traversent le lac, et au loin le Mont-Blanc. *Voir p. 58.*

Genève en 3 jours

JOUR 1

▶ *Matin*
Commencez par une balade dans les rues de la **Ville Haute★★** à partir de la **place du Bourg-de-Four** *(p. 16)*. Puis descendez vers les rues commerçantes au pied de la Ville Haute (la rue du Marché, la rue du Rhône), la **place du Molard** *(p. 27)* et le **Jardin anglais** *(p. 28)*. Au débarcadère du Molard, prenez une Mouette genevoise vers les Pâquis.

▶ *Midi*
Déjeunez à la **Buvette des Bains des Pâquis** *(p. 77)* avant de rejoindre le **quartier des Nations★**.

▶ *Après-midi*
Visitez le **palais des Nations★★** *(p. 50)* puis le **musée international de la Croix-Rouge et du Croissant-Rouge★★** *(p. 55)*. Redescendez à pied le long de la rive droite du lac en traversant les **parcs Barton** *(p. 58)* et **Mon Repos★★** *(p. 58)* jusqu'au débarcadère de Chateaubriand d'où une Mouette genevoise vous mènera à **Genève-Plage** *(p. 29)*.

▶ *Soirée*
Dînez dans le quartier des Eaux-Vives au **Vert Attitude** *(p. 74)* puis prenez un verre à l'**Atelier Cocktail Club** *(p. 80)*.

JOUR 2

▶ *Matin*
À partir de la **place de Neuve** *(p. 25)*, allez faire un tour au **parc des Bastions** *(p. 24)*. Le matin est le meilleur moment de la journée pour voir le **Mur des Réformateurs★** *(p. 24)*. Puis remontez la **promenade de la Treille** *(p. 24)* en direction de l'**hôtel de ville** *(p. 23)* jusqu'à la place du Bourg-de-Four. Vous serez à deux pas du **musée d'Art et d'Histoire★★** *(p. 32)*. Consacrez le reste de la matinée à la visite du musée.

▶ *Midi*
Déjeunez au **Barocco** *(p. 75)*, le restaurant du musée. Gardez de la place pour son incontournable crumble aux pommes.

▶ *Après-midi*
Tout près se trouve l'élégant quartier des Tranchées où vous découvrirez les bulbes en or de l'**église Russe** *(p. 35)* et, à trois rues, la **Fondation Baur★** *(p. 35)*. Deux trams (le 7 puis, à Isaac Mercier, le 1) vous mèneront rue de l'École de Médecine, point de départ d'une promenade à la découverte du **quartier des Bains★**. C'est l'occasion de visiter le **Patek Philippe Museum★★** *(p. 38)*, le **BAC** (Bâtiment d'Art Contemporain, *p. 40*) et les nombreuses galeries d'art du quartier. Remontez jusqu'au **cimetière des Rois** *(p. 44)*.

▶ *Soirée*
Dîner-tapas au **Cottage Café** *(p. 77)* sous les platanes derrière le **Monument Brunswick** *(p. 46)*. Puis, de nuit, baladez-vous le long de la rive droite du lac et du Rhône jusqu'au **BFM** (Bâtiment des Forces Motrices, *p. 44*).

G. Lansard / Photononstop

Vue sur Genève depuis la Tour Nord de la cathédrale Saint-Pierre.

JOUR 3

▶ *Matin*

Débutez par une visite de la **cathédrale Saint-Pierre★★** *(p. 16)*, la **crypte★★** *(p. 17)* et le **musée international de la Réforme★★** *(p. 21)*. À deux rues de là, faites un petit tour au **musée Barbier-Mueller★** *(p. 22)* avant le déjeuner.

▶ *Midi*

En face du Barbier-Mueller, la **Favola** *(p. 73)* vous attend pour un déjeuner italien, à moins que vous ne préfériez les spécialités suisses à la **Brasserie-Restaurant de l'Hôtel-de-Ville** *(p. 73)*.

▶ *Après-midi*

Faites une **croisière** sur le **Léman★★★** *(comptez 1 h, p. 68)*. Puis remontez la rive gauche du lac jusqu'au **parc des Eaux-Vives★** *(p. 30)* pour rejoindre la **Fondation Bodmer★★** *(p. 64)*.

▶ *Soirée*

Et pour finir, une virée à **Carouge★** pour dîner. Si **Le Flacon** *(p. 79)* est trop cher, allez au **PakùPakù** *(p. 79)* ou au **Vicolo 39** *(p. 79)*.

S'il vous reste du temps, faites :

... une visite au CERN pour vous plonger dans l'univers des particules (p. 66).
... une balade à vélo dans les vignobles en vous arrêtant chez les producteurs pour déguster le vin genevois (p. 109).
... une excursion au Mont-Salève pour découvrir le panorama époustouflant sur Genève et le lac Léman (p. 62).

Visiter Genève

Genève aujourd'hui 14
Ville Haute★★ 16
Au pied de la Ville Haute 24
Rive gauche et les Eaux-Vives★ 28
Quartier des Tranchées 32
Plainpalais et le quartier des Bains★ 38
Les Pâquis 46
Quartier des Nations★ 50
Carouge★ 59
Mont-Salève 62
Fondation Bodmer★★ 64
CERN★ 66
Lac Léman★★★ 68

Vue sur le Jet d'eau depuis le bord du lac Léman.
S. Sonnet / Getty Images

Genève aujourd'hui

L'écrivain argentin Jorge Luis Borges disait : « De toutes les villes du monde, Genève me semble la plus propice au bonheur... ». Il est vrai que, sous ses airs de bourgeoise un peu stricte élevée selon les principes de la morale calviniste, Genève cache une personnalité étonnante et attachante.

Une ville cosmopolite

À peine arrivé, vous serez surpris par la quantité de langues étrangères que vous entendrez parler autour de vous. Presque la moitié des habitants de Genève ne sont pas suisses. La plupart viennent de France, d'Italie, d'Espagne, du Portugal, des États-Unis, du Royaume-Uni. Mais également de Russie, du Kosovo, du Brésil, etc. Or, le quart d'entre eux seulement, soit un peu moins de 25 000 personnes, sont des fonctionnaires étrangers. La preuve que cet accueil n'est pas uniquement le fait des organisations internationales.

Au-delà des apparences

Malgré sa réputation de capitale surfaite, Genève est une ville solidaire. Partout vous rencontrerez des initiatives publiques et privées, établissements sportifs, pensions, écoles, restaurants, ateliers pensés et réservés à ceux qui n'ont pas trouvé leur place dans la société.

C'est une ville qui gagne à être connue. Les vitrines de la rue du Rhône ont beau exposer les plus beaux bijoux du monde, ses habitants ne sont pas du tout « bling-bling ». Au contraire. Ses richesses sont ailleurs, elles sont artistiques, scientifiques, culturelles, mais Genève n'en fait pas étalage. C'est ici, à la **Fondation Bodmer**, que vous verrez l'un des seuls exemplaires de la Bible de Gutenberg existant dans le monde, ou le catéchisme en forme de bande dessinée que les frères mineurs avaient emporté au Mexique pour évangéliser les Aztèques au début du 16e s. Au **Muséum d'histoire naturelle**, vous serez éblouis par la célèbre série d'animaux marins en verre des Blaschka, un ensemble unique en son genre qui n'existe nulle part ailleurs en Europe. C'est du **musée Barbier-Mueller**, indiqué par une enseigne discrète dans une petite rue de la Ville Haute, que proviennent de nombreuses pièces maîtresses de la collection d'art indonésien du musée du Quai Branly de Paris. Les jades de qualité impériale et les céramiques exposées à la **Fondation Baur** n'ont rien à envier aux collections du musée Guimet. Et, à une vingtaine de minutes de bus, vous vous trouverez dans le plus grand centre de physique des particules du monde.

Ville à taille humaine (moins de 200 000 habitants, la moitié de Lyon), elle offre l'avantage de pouvoir être parcourue presque entièrement à pied. Tout se trouve à 10mn de marche ou, au pire, à quelques arrêts de bus ou de tramway. Et, comme dans un village, on y ressent

L. Serebrennikov / age fotostock

Pont du Mont-Blanc et la cathédrale Saint-Pierre.

une atmosphère paisible propice à la détente.

Une ville capitale

Depuis le 16e s., elle est considérée comme terre d'asile en raison de l'accueil qu'elle a réservé aux protestants persécutés au moment de la Réforme. Depuis le 19e s., elle bénéficie de la neutralité perpétuelle de la Suisse. Grâce à ces deux facteurs conjugués, plus de 200 organisations internationales sont désormais établies ici. « Parce que tant d'idées y ont été exprimées, accueillies, débattues », selon les termes du romancier suisse Robert de Traz, Genève est devenue la capitale de la pensée humanitaire.

Un site exceptionnel

Entre les contreforts du Jura, sombres et boisés, et la silhouette lointaine et lumineuse du **massif du Mont-Blanc**, Genève se reflète dans les eaux limpides du **lac Léman**, à l'endroit où le Rhône le quitte pour poursuivre sa route vers le sud, bientôt rejoint par le cours tumultueux de l'Arve. Peu de villes peuvent s'enorgueillir d'avoir un site aussi harmonieux. Ne manquez donc pas de venir découvrir cette étonnante cité au pied des montagnes où l'on entend constamment les cris des mouettes qui virevoltent au-dessus du lac, immense comme la mer. Ce n'est pas pour rien que Genève a remporté le **World Travel Award 2015**, dans la catégorie « meilleure destination week-end européenne ».

Ville Haute★★

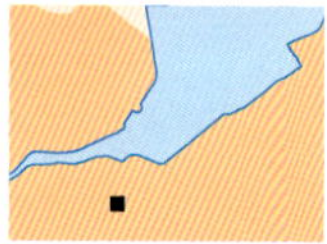

Le noyau historique de Genève, perché sur une colline de la rive gauche et dominé par la belle flèche en cuivre de la cathédrale Saint-Pierre, est à découvrir absolument. Ruelles silencieuses aux noms colorés, maisons anciennes aux fenêtres à croisées, escaliers pavés et passages inattendus, on est en plein cœur de la ville et pourtant on s'y promène comme dans un village. Avec ses galeries d'art, ses antiquaires, ses cabinets d'architecture et ses nombreux cafés et restaurants, c'est un quartier animé, surtout le week-end. On y va pour prendre un café place du Bourg-de-Four, écouter de la musique dans la cour de l'hôtel de ville, visiter l'extraordinaire musée de la Réforme et la dernière exposition du musée Barbier-Mueller, ou tout simplement flâner au gré de ses envies.

▶**Accès :** BUS 36 au départ de la place de Neuve.
Plan Ville Haute et rive gauche *p. 18-19.* Plan détachable *C6-7*.
▶**Conseil :** Le dimanche, c'est le quartier le plus animé de la ville.

PLACE DU BOURG-DE-FOUR

Cette place pittoresque, le cœur de la Ville Haute, est en fait composée de deux parties : l'une, un peu sévère au nord, devant le palais de Justice et l'autre plus riante au sud, où s'étalent terrasses des cafés et chocolateries. C'est ici qu'on se retrouvait déjà à l'époque romaine (« four » vient du latin *forum*) et qu'avaient lieu les foires au Moyen Âge. Elle est bordée de vieilles demeures datant du 16ᵉs. dont certaines ont conservé leurs enseignes d'auberge. Des boutiques d'antiquaires, des galeries d'art, des cafés entourent sa fontaine fleurie. Un peu à l'écart, l'élégante et gracile *Clémentine*, sculptée par le Suisse Heinz Schwarz en 1975, est une statue très chère aux Genevois, qui en ont fait le symbole de la lutte contre la maltraitance des femmes. Si vous observez bien les maisons qui bordent la place, vous remarquerez que certaines ont été surélevées. Au 17ᵉ s., les réfugiés protestants affluent. Comme la ville est alors à l'étroit entre ses murailles, on a l'idée d'ajouter des étages aux immeubles.

CATHÉDRALE ST-PIERRE★★

24 pl. du Bourg-de-Four - ☎ 022 311 75 75 - www.saint pierre-geneve.ch - juin-sept. : lun.-sam. 9h30-18h30, dim. et j. fériés 12h-18h30 ; oct.-mai : lun.-sam. 10h-17h30, dim. et j. fériés 12h-17h30 - fermé 1ᵉʳ janv. - gratuit.
Dédié au culte protestant depuis 1536, ce vaste édifice élevé aux 12ᵉ et 13ᵉ s. et en partie reconstruit au 15ᵉ s., a été pourvu au 18ᵉ s. d'une façade néoclassique inattendue. L'intérieur

M. Ludwiczak / iStock

Rue de l'Hôtel-de-Ville dans la Ville Haute.

est imposant et sobre. On y voit le siège de Calvin *(dans le bas-côté gauche, avant la croisée du transept)*, des stalles du 15e s. *(dans le bas-côté droit)*, le tombeau du duc de Rohan, chef du parti réformé en France au temps d'Henri IV et de Louis XIII *(première chapelle à droite du chœur)*. La **chapelle des Macchabées**, élégante construction de style gothique flamboyant bâtie par le cardinal de Brogny au début du 15e s. et profondément restaurée au 19e s., s'ouvre dans la première travée du bas-côté droit. La cathédrale présente également l'ensemble de chapiteaux romans et gothiques le plus vaste de Suisse, avec quelque 300 éléments taillés dans la molasse.

Tour Nord – *5 CHF, enf. 2 CHF, gratuit -7 ans.* Pour profiter du superbe **panorama**★★ sur Genève, le lac, le Jura, la chaîne des Alpes, il vous faudra grimper pas moins de 157 marches. Dans cette tour, vous verrez également la *Clémence*, la plus imposante des cloches de la cathédrale, qui a été hissée en 1407.

CRYPTE ARCHÉOLOGIQUE★★

✆ 022 311 75 74 - www.site-archeologique.ch - ♿ (partiellement accessible) - 10h-17h - 8 CHF.
Si vous voulez visiter les tours de la cathédrale, la crypte archéologique et le musée international de la Réforme, le **billet Espace St-Pierre** est plus

Bâtiment des Forces Motrices
Le Rhône
Prom. des Lavandières
Pont de l'Île
Pont de la Machine
Galerie Andata Ritorno
Temple de la Fusterie
Pl. de la Fusterie
Pl. de Hollande
Rue de la Confédération
Synagogue
Centre d'édition contemporaine
Cimetière des Rois
Grand Théâtre
Musée Rath
Musée Fondation Zoubov
Musée Barbier-Mueller
Grand'rue
Victoria Hall
Pl. de Neuve
Rue des Granges
Arsenal
Conservatoire de Musique
Promenade de la Treille
Hôtel de Ville
Galerie Xippas
Galerie Bernard Ceysson
Galerie Cramer
VIEILLE VILLE
Parc des Bastions
Galerie Blondeau & Cie
Pl. René Payot
FMAC
MAMCO
Centre de la Photographie
Centre d'art contemporain
Mur des Réformateurs
UNIVERSITÉ
Promenade des Bastions
Musée Jean-Jacques Rousseau
Statue de Frankenstein
Galerie Skopia
Bibliothèque universitaire
Patek Philippe Museum
Plaine de Plainpalais
Rond-Point de Plainpalais
Musée d'Ethnographie de Genève (MEG)
PARC BAUD-BOVY
Carrefour des Vingt-Trois-Cantons
PLAINPALAIS
SENTIER DES FALAISES DE ST-JEAN
SENTIER DES SAULES
POINTE DE LA JONCTION, PONT DE LA JONCTION
Bd de Saint-Georges
Bd Georges Favon
Av. du Mail
Av. Henri Dunant
R. de Carouge
Bd des Philosophes
R. de Candolle
R. des Sources
Q. Ernest Ansermet

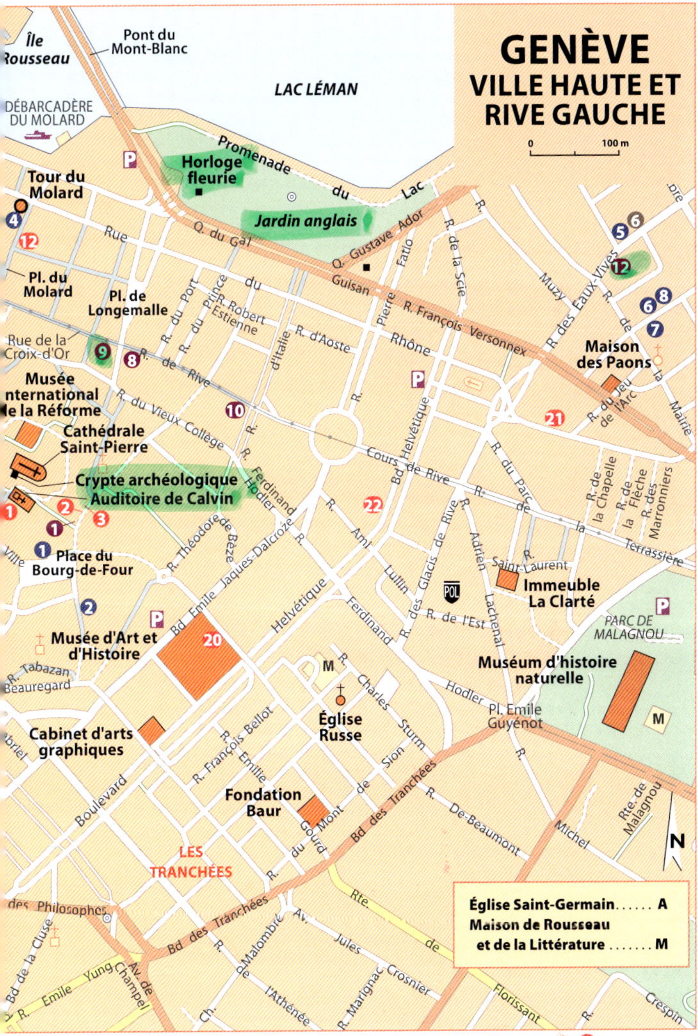
GENÈVE
VILLE HAUTE ET RIVE GAUCHE
0 100 m
LAC LÉMAN
Île Rousseau
Pont du Mont-Blanc
DÉBARCADÈRE DU MOLARD
Tour du Molard
Horloge fleurie
Promenade du Lac
Jardin anglais
Q. du Gal Guisan
Q. Gustave Ador
Pl. du Molard
Pl. de Longemalle
Rue de la Croix-d'Or
Musée international de la Réforme
Cathédrale Saint-Pierre
Crypte archéologique
Auditoire de Calvin
Place du Bourg-de-Four
Musée d'Art et d'Histoire
Cabinet d'arts graphiques
Fondation Baur
LES TRANCHÉES
Église Russe
Maison des Paons
Immeuble La Clarté
PARC DE MALAGNOU
Muséum d'histoire naturelle
Pl. Emile Guyénot
Cours de Rive
R. François Versonnex
R. de la Terrassière
Bd Helvétique
Bd des Tranchées
Boulevard Helvétique
R. du Rhône
R. de Rive
R. du Vieux Collège
R. d'Aoste
R. d'Italie
R. Pierre Fatio
R. de la Scie
R. des Eaux-Vives
R. Muzy
R. du Jeu de l'Arc
R. de la Mairie
R. de la Chapelle
R. de la Flèche
R. des Marronniers
R. du Parc
R. Saint-Laurent
R. de l'Est
R. Adrien Lachenal
R. des Glacis de Rive
R. Ami Lullin
R. Ferdinand Hodler
R. Théodore de Bèze
R. Emile Jacques-Dalcroze
R. Charles Sturm
R. de Sion
R. du Mont de Sion
R. François Bellot
R. Emile Gourd
R. De-Beaumont
R. Michel
Rte. de Malagnou
Rte. de Florissant
Av. Jules Crosnier
R. de Malombré
R. de l'Athénée
R. Marignac
R. Crespin
R. du Port
R. du Prince
R. Robert Estienne
R. Tabazan
Beauregard
des Philosophes
Bd de la Cluse
R. Emile Yung
Av. de Champel
Ch.
Église Saint-Germain ...... A
Maison de Rousseau et de la Littérature .... M
N

SE RESTAURER
- Au Phil du Temps 14
- Au pied de cochon 3
- Barocco (Le)................ 20
- Bottega (La)................ 7
- Brasserie-Restaurant de l'Hôtel-de-Ville 5
- Brasserie des Halles de l'Île.. 10
- Brasserie Lipp 13
- Café de la Tour............. 27
- Café du Centre 12
- Café du MEG 24
- Café la Ferblanterie......... 23
- Café Papon................. 4
- Cantine des Commerçants (La)..... 26
- Chez ma Cousine........... 2
- Crêperie Saint-Pierre (La).... 1
- Favola (La)................. 6
- Globus Food Hall 8
- Katrépices.................. 11
- Misuji 25
- Opéra Bouffe............... 21
- Patio (Le).................. 22
- Restaurant du Parc des Bastions............... 15
- Romantica (La) 9
- Vallon (Le)................. 19

PRENDRE UN VERRE
- Atelier Cocktail Club (L')..... 6
- Bottle Brothers 7
- Chez Manu................. 5
- Chocolaterie Micheli........ 10
- Clémence (La).............. 1
- Demi-Lune (Le)............ 2
- Just Bubble................ 9
- Time Lounge Bar 3
- Tour du Molard (La)......... 4
- Yvette de Marseille 8

SHOPPING
- Bongenie 4
- Caran d'Ache 1
- Davidoff................... 8
- Du Rhône Chocolatier 5
- Enfants Terribles (Les)....... 14
- Franz Carl Weber 9
- Globus..................... 3
- Histoires de Mode 12
- Läderach................... 7
- Marché aux puces de la Plaine de Plainpalais....... 16
- Marché des artisans de la Place de la Fusterie... 11
- Ordning & Reda 10
- Pascal Pascoët.............. 6
- Philippe Cramer 13
- TIP'S 2
- Tokyonama................. 15

SORTIR
- BFM (Le)................... 8
- B Club - Le Baroque......... 4
- Cinéma Les Scala 6
- Comédie de Genève 2
- Poche (Le)................. 1
- Usine (L') 7
- Victoria Hall 3

économique *(18 CHF, enf. 10 CHF, gratuit -7 ans).*
À droite du portique de la cathédrale, un escalier permet de descendre jusqu'au site qui s'étend sous la cathédrale actuelle. Les fouilles, qui ont commencé en 1976, se poursuivent encore. Un montage audiovisuel aide à mieux comprendre la christianisation de la région.
En suivant un parcours chronologique, vous remonterez le temps et découvrirez, à l'endroit même des fouilles, les vestiges de 2000 ans d'histoire. Ce très ancien lieu de culte (350 apr. J.-C.) a subi de constantes transformations pendant près d'un millénaire. Un premier oratoire, un baptistère et enfin une cathédrale furent construits pendant la seconde moitié du 4e s. Dès le début du siècle suivant, Isaac, évêque de Genève, disposait d'un palais, d'une autre cathédrale et d'un nouveau baptistère. Une salle de réception décorée d'un pavement de mosaïques polychromes, ajouté au milieu du même siècle, a pu être remise en valeur. Vers l'an 1000, une cathédrale monumentale, flanquée d'un cloître, remplaça les deux précédentes sur le site. Les murs de ce sanctuaire ont servi de fondations à l'édifice actuel, commencé vers 1160.

AUDITOIRE DE CALVIN

À droite de la cathédrale Saint-Pierre, se trouve un bâtiment discret. Il s'agit de l'auditoire de Calvin, une petite chapelle gothique, initialement catholique, érigée au 13e s., que Calvin a fait désacraliser et transformer en salle d'étude (on y lisait la Bible à 7h tous les matins), lieu de prêche, centre d'accueil des réfugiés protestants.

MUSÉE INTERNATIONAL DE LA RÉFORME★★

4 r. du Cloître - ✆ 022 310 24 31 - www.mir.ch - ♿ - tlj sf lun. 10h-17h - fermé 24, 25, 31 déc. et 1er janv. - 13 CHF/8 CHF (-16 ans 6 CHF).

Situé dans l'austère mais élégante maison Mallet, hôtel particulier du 18e s. à deux pas de la cathédrale, le musée international de la Réforme a réussi le tour de force de présenter l'histoire de la Réforme et du calvinisme sous une forme vivante et attractive. Ce mouvement a bouleversé la vie genevoise : au milieu du 16e s., la ville a accueilli des milliers de réfugiés venant de France, d'Italie, des Pays-Bas et d'Écosse. Tableaux, dessins, manuscrits de Calvin, ouvrages rares et autres objets inédits sont répartis dans 12 salles qui illustrent, chacune, un thème différent (Calvin et Genève, les guerres de Religion, la Réforme au 19e s., etc.). Dans le beau salon central, au décor 18e s., un spectacle audiovisuel très didactique de 15mn est diffusé toutes les heures (au quart).
Plus loin, on assiste aux échanges entre Rousseau et Calvin sur le thème de la prédestination. Pour un peu, on prendrait part à la conversation !

MAISON TAVEL★

6 r. du Puits-Saint-Pierre - ✆ 022 418 37 00 - www.institutions.ville-geneve.ch/mah/lieux-dexposition/maison-tavel - ♿ - tlj sf lun. 11h-18h - visite guidée sur demande - coll. permanente : gratuit - exposition temporaire : 3 CHF (gratuit -18 ans et 1er dim. du mois).

Détruite par un incendie en 1334, cette maison fut reconstruite peu après par les Tavel, une famille de nobles Genevois. Son élégante façade de pierre, percée par trois rangées de baies et flanquée d'une tourelle d'angle, est ornée de mascarons à têtes humaines et animales. C'est la plus ancienne maison de Genève. La visite permet d'approfondir l'histoire genevoise du 14e au 19e s. (fortifications, vie politique et religieuse, architecture urbaine, vie quotidienne).
Au 2e étage, des objets domestiques, des indiennes (toiles de coton peintes ou imprimées) et des papiers peints sont exposés dans le cadre d'un ancien appartement joliment meublé. On y voit également une riche vaisselle d'argent et d'étain, dont Genève fut un grand centre producteur.
Dans les combles, ne manquez pas l'étonnant **plan-relief** en métal (maisons et fortifications en zinc, toits en cuivre) représentant la ville en 1850, dû à un architecte genevois, Auguste Magnin (1842-1903). Remarquez la précision de chaque détail, regardez par exemple les fenêtres des maisons : elles ont presque toutes un petit miroir

en guise de vitre, placé là pour représenter le reflet du soleil.

MUSÉE BARBIER-MUELLER★

10 r. Jean-Calvin - ☏ 022 312 02 70 - www.barbier-mueller.ch - ♿ (rdc uniquement) - 11h-17h - 8 CHF/5 CHF (gratuit -12 ans). Installé dans une demeure du 16e s. en face de la maison où vécut Jean Calvin, la visite du musée Barbier-Mueller est incontournable pour tous les amateurs d'arts dits primitifs. Tirant sa richesse d'une collection familiale de plus de 7 000 pièces, ce musée des civilisations lointaines expose, par roulement, des sculptures, masques, céramiques, bijoux et tissus provenant des civilisations dites « primitives » du monde entier. C'est la plus grande collection d'art non occidental privée au monde. Et probablement celle qui réunit des pièces de meilleure qualité grâce au soin apporté à retracer l'origine de chacune d'elles. Le musée Barbier-Mueller a d'ailleurs cédé une partie de sa collection d'art indonésien au musée du Quai-Branly de Paris.

GRAND'RUE

Cette rue ancienne, l'une des mieux conservées du vieux Genève, offre un vaste choix de boutiques d'antiquaires, de libraires et de galeries d'art. Plusieurs personnes célèbres y sont nées, notamment Jean-Jacques Rousseau *(voir ci-après)* et le comédien Michel Simon (au n° 27).

W. Dieterich / age fotostock

Hôtel de ville de Genève.

Maison de Rousseau et de la Littérature – *40 Grand'rue - ☏ 022 310 10 28 - www.m-r-l.ch - tlj sf lun. 11h-17h30 - 5 CHF/3 CHF.* La maison de Rousseau et de la Littérature est installée dans les murs de la maison natale de l'écrivain philosophe. Elle présente la vie et l'œuvre de Jean-Jacques Rousseau et organise également tout au long de l'année des débats, des rencontres et des ateliers d'écriture avec des écrivains, romanciers, poètes et chercheurs pour promouvoir la littérature et l'enseignement du Siècle des Lumières.

RUE DES GRANGES

Cette rue est bordée d'un côté (celui des numéros pairs) d'une série d'hôtels particuliers du 18e s. qui abritaient, et abritent toujours, les grandes familles genevoises. Mais ici, comme partout dans la ville de Genève, le luxe ne s'affiche pas. Rien ne permet de deviner les charmants jardins, les nombreuses cours intérieures, les galeries, les salons grandioses de ces demeures patriciennes cachées derrière les hauts portails fermés.

Musée Fondation Zoubov – *2 r. des Granges - ✆ 022 312 16 97 - www.geneve.ch/zoubov - visite guidée (50mn) : tlj sf mer. à 14h45 et 15h45 - 5 CHF - gratuit -18 ans.* Situé dans l'hôtel de Sellon, ce musée rassemble, dans les anciens appartements de la comtesse Rosario Julia Zoubov de précieux objets qu'elle a rapportés de ses nombreux voyages dans les années 1920. Certains proviennent de Chine (émaux cloisonnés de Pékin, émaux peints de Canton), d'autres de Russie...

Les pièces de l'appartement contiennent des meubles estampillés par de grands ébénistes français du 18e s., des portraits signés par des peintres de cour (dont Vigée-Lebrun), de somptueux tapis et des porcelaines de Sèvres.

Église St-Germain – *Visite sur demande préalable au ✆ 022 311 41 30.* C'est ici qu'en 1535 Guillaume Farel a prêché la Réforme pour la première fois à Genève. Cette église a pris son aspect actuel au 15e s., époque où elle a entièrement été reconstruite à l'exception du clocher du 13e s. Une basilique chrétienne en ces lieux est attestée dès le 5e s., comme en témoignent les fragments d'un autel primitif. L'intérieur est éclairé par des vitraux modernes. Au chevet est accolée une fontaine à auvent surmontée d'un cadran solaire qui n'indique que les heures de la matinée.

HÔTEL DE VILLE

2 r. de l'Hôtel-de-Ville - ✆ 022 311 70 30. L'édifice date des 16e et 17e s., mais la partie la plus ancienne, la tour Baudet, remonte à 1455. Entrez dans la **cour★** pour voir la curieuse rampe en colimaçon, pavée de galets, qui permettait d'accéder aux étages sans avoir à descendre de cheval ou de chaise à porteurs. Au rez-de-chaussée, on visite la **salle de l'Alabama** où fut signée, le 22 août 1864, la première convention de la Croix-Rouge, appelée la convention de Genève *(pour la visiter, contacter la chancellerie 1 mois à l'avance au ✆ 022 327 95 00 ou à l'adresse communication-cha@etat.ge.ch).*

L'été, la cour sert de cadre à des concerts de jazz et de musique classique.

En face de l'hôtel de ville, les arcades de l'**ancien Arsenal** abritent cinq canons de la république de Genève. Au mur, des mosaïques modernes de Cingria rappellent trois pages clé de l'histoire genevoise : l'arrivée de Jules César en 58 av. J.-C., les foires du Moyen Âge et l'accueil des nombreux réfugiés huguenots après la proclamation de la Réforme. Le long de l'auvent, on peut observer la fresque de Beaumont qui raconte l'histoire de Genève. Depuis 1972, l'Arsenal abrite les archives de l'État.

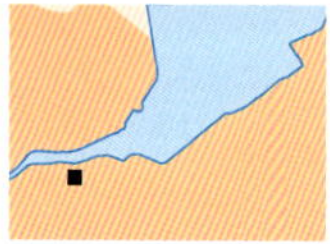

Au pied de la Ville Haute

Une balade au pied de la Ville Haute vous permettra de parcourir différents lieux qui vous donneront une image presque complète de Genève : le Mur des Réformateurs, les palais du 19e s. de la place de Neuve, les larges avenues du quartier des banques, les îles du Rhône avec leurs colonies de mouettes, l'animation des rues basses, le luxe des vitrines de la rue du Rhône, et le lac.

▶ **Accès :** Le BUS 36 (arrêt Hôtel de Ville) vous permet d'accéder à la promenade de la Treille. Sinon, les BUS 3, 5 et Tram 18 (depuis la gare Cornavin) et le Tram 12 (depuis le Rond-Point de Rive) vous mèneront place de Neuve.

Plan Ville Haute et rive gauche *p. 18-19.* Plan détachable *B6-D6*.

▶ **Conseil :** Commencez par la promenade de la Treille et le parc des Bastions, très beau sous le soleil du matin, puis faites un arc de cercle autour de la Ville Haute, jusqu'au Jardin anglais.

PROMENADE DE LA TREILLE

Rousseau enfant s'y promenait avec sa tante Suzon. Prenez place sur **le plus long banc du monde** (120 m) construit au 18e s. et admirez les marronniers centenaires. Depuis 1818, la tradition veut que le sautier de la République (le secrétaire du Parlement de Genève) observe sur le marronnier officiel de cette promenade l'éclosion de la première feuille qui annonce l'arrivée du printemps. L'événement fait l'objet d'un communiqué de presse relayé par tous les médias locaux.

PARC DES BASTIONS

Ce jardin public a été tracé au 18e s. au pied des anciens remparts. Près de l'entrée donnant sur la place de Neuve, six échiquiers géants, quelques tables de ping-pong et des chaises longues l'été, en font un lieu de rendez-vous privilégié des enfants et des étudiants de l'université toute proche. En son milieu, sur la gauche, le **Mur des Réformateurs★** est adossé à l'ancien rempart du 16e s. Véritable muraille aux proportions monumentales (plus de 100 m de longueur), il a été érigé en 1917 par les sculpteurs français Henri Bouchard et Paul Landowski (le sculpteur du Christ du Corcovado à Rio). Au centre se détachent, immenses, sous la devise *Post tenebras lux* (« Après les ténèbres, la lumière »), les quatre statues des réformateurs Guillaume Farel, Jean Calvin, Théodore de Bèze et John Knox. Remarquez comme Calvin est très légèrement mis en avant par rapport aux trois autres.

De chaque côté, les autres statues et les bas-reliefs illustrent l'histoire de la religion réformée et ses répercussions en Europe. Sur le dallage, les armes de Genève figurent entre l'ours de Berne et le lion d'Écosse.
De l'autre côté, le parc est bordé par l'**université** et la **bibliothèque universitaire**. L'**espace Ami-Lullin** est réservé à une exposition permanente de manuscrits, livres et documents d'archives sur l'histoire de la Réforme et la vie littéraire genevoise. Au sein de cet espace, le **musée Jean-Jacques-Rousseau** renferme des souvenirs de l'écrivain : manuscrits, estampes, buste par Houdon, etc. (*☏ 022 418 28 00 - lun.-vend. 14h-18h, sam. 10h-12h, 14h-17h, horaires réduits en juil. - fermé 1 sem. à Pâques, 25 déc.-1er janv., j. fériés genevois - gratuit).*

H. P. Merten / age fotostock

Place de Neuve.

PLACE DE NEUVE

Elle est entourée d'édifices majestueux du 19e s. : le conservatoire de Musique, le Grand Théâtre et le musée Rath.
Au centre se dresse la **statue équestre** en bronze du général Dufour, héros suisse du 19e s.
Conservatoire de Musique – *5 pl. de Neuve - www.cmusge.ch.* Le mélomane Jean-François Bartholoni a financé la construction de ce bâtiment en 1856 pour y abriter le conservatoire de Musique de Genève. Liszt y a enseigné le piano pendant ses quelques mois passés à Genève pour échapper au scandale que suscitait sa liaison avec Marie d'Agoult.
Grand Théâtre – *3 pl. de Neuve - ☏ 022 322 50 50 - actuellement en travaux.* C'est grâce à la générosité du duc de Brunswick que le Grand Théâtre a vu le jour en 1879. De style Second Empire largement inspiré du palais Garnier de Paris, il est considéré comme l'un des dix meilleurs théâtres européens. Sa façade principale, ornée de sculptures, de moulures et de 14 colonnes, est particulièrement majestueuse. On reconnaît la Tragédie, la Danse, la Musique et la Comédie, gardiennes de marbre du temple lyrique de Genève. Actuellement en travaux, il abrite l'institution lyrique la plus importante de Suisse romande, provisoirement installée à l'**Opéra des Nations** (*p. 93*) jusqu'à la fin des travaux du Grand Théâtre.

Musée Rath – *1 pl. de Neuve - ✆ 022 418 33 40.* Premier musée des Beaux-Arts de Suisse, le bâtiment a été érigé en 1826 grâce à la générosité de Jeanne et Henriette Rath qui ont dépensé pour sa construction plus de 182 000 florins. De style néoclassique très en vogue à l'époque, ses six colonnes aux chapiteaux corinthiens attisent tous les regards de la place de Neuve.

VICTORIA HALL

14 r. du Général-Dufour - ✆ 022 418 35 00 (voir p. 90). Établi à Genève depuis son adolescence, le **consul d'Angleterre** Daniel Fitzgerald Packenham Barton (1850-1907) a deux passions, la navigation et la musique, et dispose d'une fortune considérable qui lui permet de faire construire une **salle de concert** qu'il dédie à sa souveraine, la reine Victoria. On reconnaît sur la façade l'éclectisme caractéristique du style « Beaux-Arts », une variation du style néoclassique qu'on appelait aussi style victorien, très à la mode à la fin du 19e s. Statues, fresque d'inspiration pompéienne, fausse loggia, colonnes monumentales, frises sculptées composent un ensemble plutôt équilibré. De chaque côté de l'**allégorie de l'Harmonie** sont gravés les noms de 16 compositeurs.

SYNAGOGUE DE GENÈVE

7 pl. de la Synagogue - ✆ 022 317 89 30/00 - www.comisra.ch - visite guidée à 10h30 le 1er dim du mois - inscription souhaitée auprès de culture@comisra.ch. La grande synagogue de Genève est étonnante par la diversité des éléments stylistiques qu'elle présente : sa forme cubique, le style néomauresque de la façade, l'influence italienne des bandes bicolores, l'inspiration fortement orientale de la coupole et la présence d'une abside semi-circulaire, comme dans les églises romanes. Le tout en fait un édifice singulier mais somme toute assez harmonieux. Si vous continuez votre balade vers le Rhône, une succession de ponts s'aligne devant vous : le **pont de l'Île**, qui traverse l'île située au milieu du Rhône, le **pont de la Machine**, le **pont des Bergues**, qui permet d'atteindre en son centre l'**île Rousseau**, et enfin, le **pont du Mont-Blanc**, que vous reconnaîtrez de loin aux immenses drapeaux qui le soulignent. Et toujours, cet étonnement devant la transparence de l'eau du Rhône.

LES RUES BASSES

On appelle les rues basses les rues situées « en bas », au pied de la Ville Haute, et, plus particulièrement les rues qui se suivent à partir de la place de Bel-Air : **rue de la Confédération**, **rue du Marché**, **rue de la Croix-d'Or**, **rue de Rive**, jusqu'au Rond-Point de Rive. Ce sont les rues commerçantes de Genève, et c'est ici que vous ferez du shopping, à moins que vous ne vous laissiez tenter par les vitrines alléchantes de la **rue du Rhône**, parallèle aux rues basses, où se succèdent les plus grands horlogers et joailliers du monde.

LES TROIS PLACES

Traits d'union entre les rues basses et la rue du Rhône, les places piétonnes de la Fusterie, du Molard et de Longemalle se succèdent comme autant d'occasions de faire une pause.

Place de la Fusterie – On la reconnaît au **temple de la Fusterie** qui en occupe presque tout l'espace. Construit en 1714 pour offrir un lieu de culte aux protestants français réfugiés à Genève, il étonne par sa façade presque baroque. Depuis 2008, le temple de la Fusterie accueille l'**espace Fusterie**, lieu d'échanges spirituels ouvert à toutes les religions. Un petit marché d'artisanat se tient ici le jeudi. Le vendredi est réservé aux bouquinistes.

Place du Molard – Jusqu'à la fin du 16e s., la place du Molard a été un port. Les eaux du lac bordant la place, c'était l'endroit idéal pour décharger les marchandises qui arrivaient par bateau à l'occasion des nombreuses foires qui se tenaient au Moyen Âge. Dès le tout début du 14e s., on y a construit une grande halle de stockage et un centre de distribution des marchandises qui, au fil des siècles, ont fait du Molard le noyau de la vie économique, puis politique de la ville. L'ancienne halle est devenue un centre commercial et la place, une halte agréable pour s'offrir un déjeuner, acheter des fleurs, faire du shopping ou simplement s'y promener le soir en lisant les messages de ses pavés lumineux.

La tour du Molard, située sur la place, garde sur ses murs les traces des grands moments de l'histoire genevoise. Elle est ornée de frises peintes et d'armoiries des principaux acteurs de la Réforme, ainsi que d'un bas-relief rappelant l'importance de « Genève, cité de refuge », avec, sous l'inscription, Lénine allongé face à une allégorie de la République qui étend au-dessus de lui son bras protecteur. Au grand dam de certains qui auraient préféré qu'un autre personnage symbolise l'accueil des réfugiés.

La tour du Molard.

Place de Longemalle – Votre regard sera attiré d'abord par la jolie façade Belle Époque de l'**hôtel Longemalle** *(voir « Nos adresses » p. 94)*, puis par les maisons cossues qui la bordent. Beaucoup plus calme que sa voisine du Molard, cette place était également un port jusqu'à la moitié du 19e s.

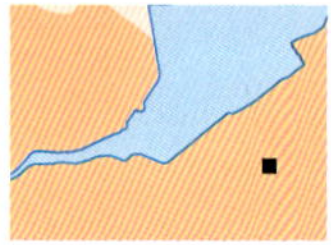

Rive gauche et les Eaux-Vives★

Le nom des « Eaux-Vives » rappelle le temps où ce quartier était parcouru par d'innombrables ruisseaux, les nants, qui alimentaient la ville en eau potable. On retrouve des traces de leur présence souterraine dans le nom de certaines rues comme la rue du Nant, ou encore la place de Jargonnant. Avec ses deux parcs, parmi les plus beaux de Genève, ses immeubles cossus alignés le long du lac, ses bateaux amarrés au quai Gustave-Ador, ses plages et ses ports, ce quartier fait partie des promenades préférées des Genevois le week-end. Et le soir, quand l'activité s'arrête sur le lac, c'est dans les rues parallèles que la vie s'anime : rue des Eaux-Vives, rue de Montchoisy, rue du Clos et rue Merle-d'Aubigné.

▶ **Accès :** BUS 6, 8, 9, 25, 61 - Arrêt Métropole.
Plan Ville Haute et rive gauche *p. 18-19*. Plan détachable *D5-G4*.
▶ **Conseil :** La rive gauche du Léman est une agréable promenade à toute heure, mais c'est le matin que la lumière sur le lac et la rive opposée est la plus belle. L'hiver, les jours de bise, il peut faire très froid au bord de l'eau : couvrez-vous !

JARDIN ANGLAIS

À deux pas de la place de Longemalle, après avoir traversé la rue du Rhône, on rejoint le Jardin anglais, trait d'union de verdure entre la circulation du quai du Général-Guisan et la calme étendue du lac.
En bordure du jardin, côté ville, se trouve la célèbre **horloge fleurie**. Sous son aspect un peu désuet de parterre floral bien léché, elle cache une prouesse technique assez étonnante puisqu'elle est capable de faire tourner imperturbablement et avec une précision toute suisse une trotteuse de 2,5 m – la plus longue du monde –, malgré les variations de température auxquelles elle est soumise.

PROMENADE DU LAC★

La promenade du Lac remonte la rive gauche du lac Léman, le long du quai Gustave-Ador depuis le Jardin anglais jusqu'à Genève-Plage, à la limite nord de la ville. Pendant les 20mn de la balade, vous contemplerez l'alignement des immeubles de la rive opposée qui se reflètent paisiblement dans l'eau, vous découvrirez avec émotion le *Genève*, le bateau Belle Époque que Sissi *(voir encadré p. 47)* a essayé d'atteindre après avoir été poignardée. Puis ce sera l'émerveillement devant les lignes de la *Neptune*, la seule grande barque à voile historique à naviguer encore sur le lac Léman, et ce, depuis 1904. Plus loin s'élève le **Jet d'eau**, bien sûr,

G. Fischer/imageBROKER / age fotostock

L'horloge fleurie du Jardin anglais.

grande voile blanche hissée comme un symbole de paix au centre de la rade. À quelques minutes de là, c'est la **place des Pêcheurs**, leurs cabanes et leurs nasses métalliques pour attraper féras, perches et brochets. Ensuite, une forêt de mâts indique le port de plaisance. À la hauteur de la **Jetée des Eaux-Vives**, **Baby-Plage** *(voir encadré p. 69)* forme un triangle de sable aménagé avec balançoires et portiques de jeux et, là encore, une eau d'une transparence ahurissante. Encore quelques minutes de marche sur une mini jetée de rochers et l'on atteint **Genève-Plage**, et, à quelques pas, sa version plus sportive, le **Tropical Corner** *(voir encadré p. 69)*. Non loin du quai Gustave-Ador, au n° 7 de l'avenue Pictet-de-Rochemont, se trouve l'un des seuls exemples d'immeubles Art Nouveau de Genève. Mais quel exemple ! Construite au début du 20e s., la **maison des Paons** apparaît comme un élégant pied de nez à la sobriété calviniste de la ville. Remarquez le joli encadrement des roseaux de l'entrée principale, les belles volutes des balcons, les tuiles vernissées du toit et, bien sûr, les deux paons qui montent la garde.

PARC LA GRANGE★

7h-18h l'hiver et 7h-21h l'été (juil.-août : 6h-22h). Cet ensemble paysager de 12 000 m² est dominé par une élégante maison du 18e s. bâtie par

les fils du banquier Marc Lullin en 1706. Le parc est ensuite devenu la propriété de la famille Favre qui l'a légué à la ville de Genève en 1918 après avoir doté la maison d'une **bibliothèque** riche d'environ 15 000 ouvrages (*la maison ne se visite qu'une fois par an, au printemps. Informations : ✆ 022 418 20 53*).
Le parc comporte la plus belle **roseraie** de Suisse (plus de 200 variétés). Il accueille chaque année, en juin, le **concours international de roses nouvelles**.
Par ailleurs, des fouilles archéologiques ont mis au jour, tout en haut du parc, les vestiges (très restreints) d'une villa romaine.
Du parc La Grange, on accède directement au parc des Eaux-Vives par une petite brèche percée dans le mur en pierre qui les sépare et qui mène à un magnifique massif de rhododendrons.

PARC DES EAUX-VIVES★

La maison de maître du parc des Eaux-Vives a également été édifiée au 18ᵉs., et aussi par un banquier, Joseph Bouer. Après avoir été utilisée pendant près d'un siècle comme pensionnat, elle a finalement été rachetée à la fin du 19ᵉ s. par Louis Favre, entrepreneur et architecte à qui l'on doit le percement du tunnel ferroviaire suisse du Saint-Gothard (inauguré en 1882).
C'est un domaine très ancien (début 16ᵉ s.) et c'est peut-être l'explication de la présence d'arbres plusieurs fois centenaires qui dominent les jardins de rocaille et les immenses massifs d'azalées de chaque côté d'une pelouse vert foncé qui descend en pente douce vers le lac.
Le parc des Eaux-Vives a été une propriété privée jusqu'en 1898. Il est ensuite transformé en parc d'attractions avec un théâtre, un toboggan, un train miniature, une ménagerie, des démonstrations aéronautiques et autres divertissements.
En 1913, la commune rachète le parc après la faillite du Luna Park. La maison de maître abrite aujourd'hui le **restaurant gastronomique du Parc des Eaux-Vives** (*voir « Nos adresses » p. 74*).

Le secret du Jet d'eau

Symbole de Genève, le Jet d'eau jaillit du lac à environ 200 km/h pour culminer à 140 m de haut. Son origine remonte à 1886 : une société distribuait de l'eau pour les machines des artisans ; le jet ne servait alors que de système de décompression, le soir venu. En 1891, la ville décide de l'installer dans la Rade. Au début des années 1950, le jet n'est plus raccordé au réseau d'eau potable, mais puise l'eau du lac grâce à une station de pompage autonome. Le secret de sa blancheur et de sa hauteur ? Une tuyère spéciale qui le rend creux et l'emplit de millions de bulles d'air. Le Jet d'eau fonctionne tlj (sauf du 26 oct. au 12 nov.), de 9h au coucher du soleil l'été (les vend., sam. et dim. fermeture à 22h30 - du 4 mai au 13 sept., fermeture tlj à 23h15) et de 10h à 16h l'hiver.

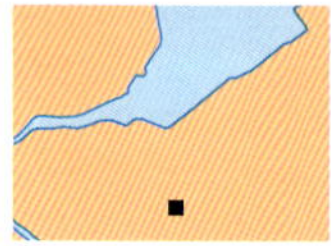

Quartier des Tranchées

C'est grâce à James Fazy, père de la Genève moderne, que la ville a fait sauter le carcan de ses remparts au milieu du 19e s. Et que s'est créé, à partir de 1858, le quartier des Tranchées, nom que l'on donnait aux fossés qui longeaient les fortifications de la rive gauche, puis aux fortifications elles-mêmes. Ce quartier est le plus résidentiel et luxueux de Genève. Il s'agit d'un ensemble harmonieux d'hôtels particuliers édifiés entre la fin du 19e s. et les premières années du 20e s., où l'on retrouve un certain air d'élégance à la française. Dans ce périmètre assez restreint, sont réunis quelques-uns des grands musées de la ville : le musée d'Art et d'Histoire, la Fondation Baur, et tout près, le Muséum d'histoire naturelle.

Accès : BUS 7 - Arrêt Musée d'Art et d'Histoire/ BUS 36 - Arrêt Église russe.
Plan Ville Haute et rive gauche *p. 18-19.* Plan détachable *D7/8-E8*.
Conseil : C'est le quartier des musées, il est donc conseillé de ne pas venir un lundi, jour de fermeture. Ni cafés ni restaurants dans ce quartier, à l'exception du **Barocco**, au musée d'Art et d'Histoire. Mais il suffit de prendre le pont de la rue Charles-Galland pour rejoindre la Ville Haute qui regorge de bistrots.

MUSÉE D'ART ET D'HISTOIRE★★

2 r. Charles-Galland - ✆ 022 418 26 00 - www.ville-ge.ch/mah - ♿ - tlj sf lun. 11h-18h - expos temporaires : 5 à 20 CHF - gratuit expo permanente, -18 ans et 1er dim. du mois.

Le musée, qui fera l'objet dans un avenir proche d'un important projet de rénovation et d'agrandissement, trône solennellement à l'entrée du quartier de Tranchées. Au-dessus de son entrée majestueuse, la *Renommée* est là pour rappeler, à coups de trompette, que le musée a été construit pour symboliser le rayonnement culturel de Genève au début du 20e s. Aujourd'hui l'un des musées d'art les plus importants de Suisse, le MAH expose, sur 5 étages, d'intéressantes collections d'archéologie, d'arts appliqués et de peinture.

Au **niveau -1**, les salles consacrées à l'Archéologie présentent des pièces léguées par de grands collectionneurs du 19e s., provenant d'Égypte, du Proche-Orient, de Grèce et Rome. Regardez en particulier le magnifique ensemble de portraits et bustes romains dans un état de conservation étonnant, dont le remarquable portrait de l'impératrice Plotine.

La salle d'archéologie régionale, au **niveau -2**, abrite l'un des trésors du musée, l'émouvante statue en bois de chêne de près de 3 m représentant un chef allobroge, témoin de la rencontre des cultures celte et romaine.

Un musée
Ville de Genève
www.mah-geneve.ch
VILLE DE GENÈVE
VISITEZ L'UN DES PLUS
GRANDS MUSÉES DE SUISSE
ARCHÉOLOGIE - BEAUX-ARTS - ARTS APPLIQUÉS
MUSÉE D'ART
ET D'HISTOIRE
M
RUE CHARLES-GALLAND 2, 1206 GENÈVE
OUVERT DE 11 À 18 HEURES
FERMÉ LE LUNDI
Collections permanentes - Entrée libre
Expositions temporaires - Payant
www.mah-geneve.ch
T +41(0)22 418 26 00
facebook.com/mahgeneve
@mahgeneve
blog.mahgeneve.ch
mahgeneve
bysupernova.com

A. de Valroger / Michelin

« La Pêche miraculeuse », retable de Konrad Witz (1444), au musée d'Art et d'Histoire.

Au rez-de-chaussée, étage consacré aux arts appliqués, ne manquez pas la magnifique **tenture copte** du 6e s. représentant la Vierge, les archanges et les saints et, dans un tout autre registre, le beau plafond de la **salle d'honneur** du château de Zizers (17e s).

Allez faire fonctionner la drôle de machine de **Jean Tinguely** (au rez-de-chaussée, à droite de l'accueil).

Montez ensuite le monumental **escalier central**, sous l'escorte silencieuse des lansquenets de Hodler.

Au **niveau 1**, faites un tour dans l'élégant espace intitulé « intermède musical » pour admirer une très belle collection d'instruments de musique, dont une rarissime trompette marine, instrument – à cordes ! – du 17e s.

Le **niveau 2** est incontournable : dès la première salle, on découvre le célèbre retable de **Konrad Witz** (1444), dont l'un des panneaux, illustrant *La Pêche miraculeuse*, marque la première représentation exacte d'un paysage dans la peinture européenne : on aperçoit Genève et le Salève en arrière-plan.

Aux salles affectées aux écoles italienne et hollandaise font suite celles consacrées aux peintres du 17e s. et surtout du 18e s., parmi lesquels les pastels du Genevois **Liotard**, dont l'extravagance était connue de toute la société européenne.

Du 19e s., on admire l'ensemble admirable de paysages alpestres de peintres genevois et suisses, en particulier les œuvres de Calame, et, surtout, la force des **tableaux★★ de Ferdinand Hodler**, le peintre suisse le plus important de la fin du 19e s. (*Étude pour le regard dans l'infini, Le lac Léman et le mont Blanc, La Rade de Genève à l'aube, Autoportrait parisien*). Le mouvement impressionniste est bien illustré par des œuvres de **Pissarro**, **Monet**, **Cézanne**, **Renoir** et **Sisley**.

Situé au rez-de-chaussée, le restaurant du musée, le **Barocco** *(voir « Nos adresses » p. 75)* est très agréable pour un déjeuner l'été dans la cour du musée.

CABINET D'ARTS GRAPHIQUES

5 prom. du Pin - ✆ 022 418 27 70 - 11h-18h sauf lun. - 3 CHF/2 CHF - gratuit -18 ans. Situé dans un lieu d'exception, le Cabinet d'arts graphiques conserve quelque 375 000 dessins, pastels, estampes, etc.

Reconnu comme l'une des plus importantes collections d'œuvres sur papier européennes, il regroupe notamment l'un des trois plus grands fonds de dessins, estampes, affiches et carnets de croquis de **Ferdinand Hodler**, la plus grande collection mondiale d'œuvres de **Jean-Étienne Liotard** ou encore un ensemble de référence d'estampes de **Félix Vallotton**, de **John M. Armleder** et de **Hans Hartung**.

ÉGLISE RUSSE

6 r. Rodolphe-Toepffer - ✆ 022 346 47 09 - lun.-vend. 9h-12h, sam.-dim. 9h-17h.

À mi-chemin entre la Fondation Baur et le musée d'Art et d'Histoire, au beau milieu des rues sobres de ce quartier résidentiel, on voit tout à coup cinq bulbes en or briller dans le ciel. Ce sont les dômes de la magnifique église orthodoxe de Genève, construite en 1859 dans le style baroque moscovite. À l'intérieur, les murs, voûtes et piliers sont décorés de peintures inspirées de l'art byzantin. La nef est séparée du sanctuaire par l'iconostase formant un ensemble de cinq arcades en marbre de Carrare, sculpté et chargé d'icônes. Au centre se détache la porte sainte, en bois de cyprès ajouré et doré.

FONDATION BAUR★

8 r. Munier-Romilly - ✆ 022 704 32 82 - www.fondation-baur.ch - ♿ - tlj sf lun. 14h-18h - fermé 22-26 déc. et du 29 déc.- 1er janv. - 10 CHF/5 CHF - expositions spéciales : 15 CHF/10 CHF .

Peu avant sa mort, Alfred Baur a acquis cet hôtel particulier pour que les personnes qui viendraient voir sa collection se sentent invités chez lui et non en visite dans un musée. Et c'est effectivement la sensation que l'on a en parcourant les salons de cette fondation où sont présentés des objets d'une rare perfection esthétique et technique qui permettent de suivre l'évolution de l'art de la céramique en Chine, de la dynastie des T'ang (618-908) à celle des Qing (1644-1911).

Au rez-de-chaussée, la **salle des Jades** présente une très belle collection d'objets de qualité impériale (réalisés par les artisans

FONDATION BAU
MUSÉE DES ART
D'EXTRÊME-ORIEN
L'Asie à Genève
FONDATION BAUR
MUSÉE DES ARTS D'EXTRÊME-ORIENT
ouvert de 14h à 18h, fermé le lundi
8 rue Munier-Romilly
1206 Genève
www.fondationbaur.ch

qui travaillaient pour l'empereur). Au 1er étage, d'intéressantes pièces de porcelaine et grès, dont la pureté des formes, la richesse des couleurs et la finesse des décors attisent le regard. La pièce maîtresse de la collection est le Moonvase n° 7, le vase en forme de lune produit dans les fours impériaux de Jingdezhen au début du 18e s.

L'art du Japon est représenté au 2e étage. La plupart des somptueux objets réunis (sabres et leurs ornements, porcelaines du 18e s., laques et netsuke – boutons de bois sculpté) appartiennent à l'ère Edo (1615-1868), Meiji (1868-1912) et Taisho (1912-1926).

MUSÉUM D'HISTOIRE NATURELLE★★

1 rte de Malagnou - ✆ 022 418 63 00 - www.ville-ge.ch/mhng - ♿ - tlj sf lun. 10h-17h - gratuit.

Ce musée d'histoire naturelle, le plus grand de Suisse, dispose de très riches collections, présentées de façon attractive. Il est en général très apprécié par les enfants. Le rez-de-chaussée abrite des dioramas consacrés à la faune régionale (oiseaux et mammifères dans leurs milieux naturels reconstitués : coin de forêt, bords de cours d'eau...). On remarque également la vitrine des reptiles et des amphibiens.

1er étage – Il est réservé aux mammifères et aux oiseaux du monde entier. On y voit notamment plusieurs espèces de tigres, dont certaines ont aujourd'hui disparu, ainsi que le dodo ou dronte, oiseau qui nichait dans la forêt (île Maurice, île de La Réunion) et qui ne pouvait voler en raison de son poids. Cette espèce fut exterminée aux 17e et 18e s.

2e étage – Il montre des reptiles et des amphibiens de différentes régions du monde.

3e étage – Il est consacré à l'histoire de la Terre, à la paléontologie, à la géologie et à la minéralogie. Voir le podium des dinosaures. Autre pièce intéressante, le fossile de Xiphactinus audax, poisson prédateur du crétacé (-96 à -75 millions d'années) qui vivait dans les mers chaudes et dont la taille pouvait atteindre jusqu'à plusieurs mètres. La partie réservée aux hominidés est illustrée par la reconstitution de Lucy.

4e étage – Il relate l'histoire géologique de la Suisse, avec pour pièce maîtresse un relief animé sur lequel apparaissent distinctement les trois composantes du pays : le Jura, le Plateau et les Alpes.

IMMEUBLE LA CLARTÉ

À l'angle de la rue Lachenal et de la rue St-Laurent, se dresse l'immeuble La Clarté, construit par l'architecte suisse de naissance **Le Corbusier** en 1931-1932. Ce bâtiment, fait d'acier et de verre, était à l'époque une réalisation d'avant-garde. Toute sa structure repose sur des piliers. Les façades (entièrement vitrées) et les murs intérieurs n'ayant pas de fonction portante, les appartements ont pu bénéficier d'une grande liberté d'agencement. Une restauration de cet édifice est à l'étude.

Plainpalais et le quartier des Bains★

Situé à l'ouest du boulevard Georges-Favon et au nord du boulevard du Pont-d'Arve, Plainpalais est un quartier commerçant animé et la plaine de Plainpalais, une place où l'on discute en faisant son marché sous les platanes, où les ados viennent s'éclater sur leur skateboard ou tout simplement que l'on traverse pour aller assister à un vernissage dans l'une des nombreuses galeries d'art contemporain du quartier des Bains, situé juste en face.

Accès : De la gare Cornavin, Tram 1 ou 15 - Arrêt Cirque ou Plainpalais.
Plan Ville Haute et rive gauche *p. 18-19.* Plan détachable *A7/8-B8*.
Conseil : Venez plutôt découvrir ce quartier l'après-midi. Les galeries du quartier des Bains ouvrent en général à partir de 14h.

PLAINE DE PLAINPALAIS

Cet immense terrain de 650 m de long en forme de losange accueille des espaces de jeux, une piste de skateboard, un marché de fruits et légumes, le marché aux puces, les fêtes foraines, les chapiteaux des cirques... sous le regard effrayant et émouvant d'un **Frankenstein** en jeans et sweat à capuche revenu 200 ans après hanter la plaine de Plainpalais !

PATEK PHILIPPE MUSEUM★★

7 r. des Vieux-Grenadiers - ✆ 022 807 09 10 - www.patekmuseum.com - ♿ - mar.-vend. 14h-18h, sam. 10h-18h - fermé dim.-lun. et j. fériés - 10 CHF/7 CHF - visites guidées sam. à 14h - 15 CHF/10 CHF (frais d'entrée inclus) - gratuit -18 ans.
Un ancien bâtiment industriel admirablement restauré sert de cadre à ce musée qui retrace 500 ans d'histoire de la montre portative et des arts décoratifs liés à son univers à travers d'impressionnantes collections d'origines suisse et européenne.

Frankenstein et Plainpalais

*« Mais que faisait-il donc en cet endroit ? Se pouvait-il – je frémis d'y penser – qu'il fut le meurtrier de mon frère ? Je voulus poursuivre le diable en question, mais je compris bientôt que je n'avais aucune chance de le rattraper. Car un autre éclair venait de me le révéler, grimpant parmi les rochers sur la face presque abrupte du Mont-Salève qui, au sud, borde Plainpalais... ». En 1818, lorsque Mary Shelley écrivait l'histoire de Frankenstein, la **plaine de Plainpalais** était un grand terrain vague abandonné, probablement assez lugubre.*

J.-B. Rabouan / hemis.fr

Patek Philippe Museum.

Rez-de-chaussée – Reconstitution d'anciens établis d'horlogerie, bijouterie, gravure et émaillerie réunissant plus de 400 outils datant de la première moitié du 18e s. au début du 20e s.

La visite commence par le 3e étage.

3e étage – Cet étage est consacré aux archives de la marque, à l'extraordinaire **bibliothèque** (8 000 ouvrages dont certains rarissimes datant du 17e s.) et à une collection de portraits miniatures sur émail, art traditionnellement lié à la fabrication de montres portatives et qui a contribué à la réalisation de pièces exceptionnelles. Une vitrine est consacrée à Antoine Norbert de Patek, fondateur en 1839 de la manufacture horlogère. Il sera rejoint en 1845 par l'horloger français Adrien Philippe, inventeur de la double fonction du mécanisme de mise à l'heure et de remontage par la couronne. On découvre les personnalités et clients prestigieux que compta Patek Philippe, parmi lesquels la reine Victoria.

2e étage – La collection de cet étage retrace l'histoire de la montre portative en Europe du 16e au 19e s. Parmi les montres les plus anciennes, une montre-tambour allemande de 1530 au boîtier doré et ciselé.

Les automates, merveilles d'ingéniosité, sont un véritable régal pour les yeux. Le pistolet à oiseau chantant, créé vers 1810 par l'horloger

Le BAC

Au n° 28 de la rue des Bains (ou au 10 rue des Vieux-Grenadiers), on entre dans les anciens locaux de la Société Genevoise d'Instruments de Physique, aujourd'hui le ***Bâtiment d'Art Contemporain (BAC)****, propriété de la ville de Genève. C'est dans cet ensemble que bat le cœur de la création contemporaine. Ici se trouvent le* ***MAMCO****, le* ***Centre d'art contemporain****, le* ***Centre de la photographie****, le* ***FMAC*** *et une salle mise à disposition pour des expositions temporaires,* ***Le Commun****. La réhabilitation des locaux a sauvegardé l'architecture industrielle d'origine qui confère à l'ensemble une atmosphère un peu brute qui ne manque pas de charme.*

genevois Rochat, est en or gravé, rehaussé de perles et d'émail. Quand on tire la gâchette, un oiseau couvert de plumes miniature sort du canon en chantant une mélodie tout en battant des ailes et tournant sur lui-même ! On en oublierait presque qu'il y a une montre dans la partie renflée de la crosse. *Moïse*, autre chef-d'œuvre, est dû à un atelier du Locle (1815-1820), on voit même l'eau jaillir du rocher.

1er étage – Étage entièrement dédié à la production Patek Philippe de 1839 à nos jours. La pièce maîtresse est le Calibre 89, avec 33 fonctions, 2 cadrans, 24 aiguilles, 8 disques et 1728 pièces distinctes, la montre la plus compliquée jamais réalisée.

QUARTIER DES BAINS

Le quartier des Bains occupe le rectangle délimité par l'avenue du Mail, la rue de l'École-de-Médecine, l'Arve, la rue des Bains et la rue du Stand. C'est un quartier trendy, depuis l'ouverture du MAMCO qui a attiré plusieurs galeries d'art contemporain de renom. Celles-ci se sont regroupées pour créer l'**Association du Quartier des Bains**, avec pour objectif le soutien des jeunes artistes et le rayonnement des galeries de Genève dans le monde de l'art contemporain. Tous les ans, l'association organise la « Nuit des Bains », grand vernissage collectif qui attire plus de 5000 passionnés dans une vingtaine de musées et galeries, tous situés à proximité les uns des autres, et transforme, le temps d'un week-end, les rues du quartier en un immense cocktail. En plus des musées et centres indiqués dans ce guide, les galeries d'art les plus intéressantes sont **Andata Ritorno**, **Bernard Ceysson**, **Blondeau & Cie**, **Cramer**, **Skopia**, **Xippas**, le **Centre d'édition contemporaine**. Toutes ouvrent de 14h à 18h sauf dim. et lun.

MAMCO (MUSÉE D'ART MODERNE ET CONTEMPORAIN) ★★

10 r. des Vieux-Grenadiers - ✆ 022 320 61 22 - www.mamco.ch - ♿ - mar.-vend. 12h-18h (1er merc. du mois 21h), w.-end 11h-18h - 8 CHF/6 CHF - gratuit -18 ans et 1er dim. du mois - fermé j. fériés.

P. Hauser / coll. Mamco, don de l'artiste / hemis.fr

« D'après Valie Export », diptyque - huile sur toile, de Moo Chew Wong, MAMCO, 2004.

Le musée d'Art moderne et contemporain de Genève est essentiellement dédié à l'art postérieur à 1960. Il s'intéresse en particulier aux artistes et mouvements peu connus, à l'écart du marché.
Le musée est conçu comme un espace faisant alterner, au cours de la visite, les expositions temporaires et les collections permanentes, d'ailleurs souvent renouvelées. Les accrochages sont particulièrement soignés et les espaces modulables en fonction du style de l'exposition (boîte blanche, cellule, atelier, entrepôt, appartement…). Avec 300 expositions réalisées en 20 ans, c'est le plus grand, le plus jeune et le plus dynamique des musées d'art contemporain en Suisse.

CENTRE D'ART CONTEMPORAIN

10 r. des Vieux-Grenadiers - ✆ 022 329 18 42 - www.centre.ch - 11h-18h sauf lun. et j. fériés - 5 CHF/2 CHF - gratuit le 1er dim. du mois.
Le Centre d'art contemporain est consacré à la création contemporaine sous toutes ses formes : architecture, dessin, vidéo, peinture, sculpture, performance…
Quatre expositions par an présentent les œuvres d'artistes de la taille de **Marina Abramović**, du peintre et sculpteur italien **Michelangelo**

MEG
Découvrez les trésors du ME
qui couvrent plusieurs siècle
d'histoire et une centain
de civilisation
Musée d'ethnographie
de Genève
Boulevard Carl-Vogt 65-67 | CH - 1205 Genève
+41 (0)22 418 45 50 | www.meg-geneve.ch
Un musée
Ville de Genève
www.meg-geneve.ch
VILLE DE
GENÈVE

Pistoletto ou de l'Américain **Robert Overby**. Le centre a aussi pour vocation le soutien des jeunes artistes genevois.

CENTRE DE LA PHOTOGRAPHIE DE GENÈVE

28 r. des Bains - 022 329 28 35 - www.centrephotogeneve.ch - 11h-18h sf lun. et j. fériés - 5 CHF/3 CHF - gratuit -18 ans.

Depuis son installation en 2007 au BAC, le Centre de la photographie de Genève est devenu une référence. Il organise entre 5 à 7 expositions par an et, tous les 3 ans, la triennale de la photographie 50JPG (50 jours pour la photographie à Genève) en collaboration avec 25 musées, galeries et centres d'art de Genève et de ses environs.

MEG (MUSÉE D'ETHNOGRAPHIE DE GENÈVE) ★★

65 bd Carl-Vogt - 022 418 45 50 - www.meg-geneve.ch - ♿ - mar.-dim. 11h-18h - accès gratuit à la collection permanente - expo temporaire 9 CHF/6 CHF - gratuit -18 ans et chaque 1er dim. du mois.

Inauguré en 2014, le musée d'Ethnographie de Genève surprend par son architecture ultramoderne – on le surnomme l'iceberg – et par sa muséographie qui met en valeur des pièces d'une grande rareté venues des cinq continents.

L'exposition de référence, intitulée « Les archives de la diversité humaine », se divise en sept espaces : un premier consacré à l'histoire des collections, un autre à l'éthnomusicologie et les cinq derniers aux cinq continents. Plus d'une centaine de civilisations et de cultures sont ici représentées par un millier d'objets allant des masques aux coiffes en passant par les vêtements, les représentations picturales, les outils et autres totems.

L'espace de l'exposition temporaire interpelle également par ses éléments suspendus et son mur doré.

LA JONCTION

Une dizaine de minutes de marche suffisent pour rejoindre **la Jonction**, là où l'Arve se jette dans le Rhône, et découvrir un aspect peu connu de Genève. On est loin de la rue du Rhône et des immeubles cossus du quai du Mont-Blanc.

Une fois sur place, traversez l'Arve en empruntant la **passerelle du bois de la Bâtie** et montez jusqu'au **pont de la Jonction**. Vous vous retrouverez en pleine forêt, avec l'impression d'être à mille lieues de Genève.

Le pont de la Jonction est un pont ferroviaire très élevé doté d'un sentier pour les piétons (fortement déconseillé aux enfants et aux personnes souffrant de vertige). De là, vous pourrez assister au spectacle extraordinaire du mélange des eaux du Rhône et de l'Arve : à gauche, les eaux bleu-vert cristallines du Rhône, et à droite, les eaux marron chargées de sédiments de l'Arve, descendent le cours du Rhône sans se mélanger sur près de 200 m.

CIMETIÈRE DES ROIS

10 r. des Rois.

Aucun roi n'est enterré ici, le nom vient de la rue des Rois, où avaient lieu au 16e s. les concours annuels de tirs à l'arquebuse et dont le vainqueur était nommé « le roi ».

Plus qu'un cimetière, c'est un **magnifique jardin**. En effet, le nombre de tombes est assez limité (seules les personnalités ayant contribué au rayonnement de Genève sont admises) et les monuments funéraires sont d'une grande discrétion, le plus souvent de simples stèles. Aucune indication ne permet de trouver l'emplacement du carré de buis entouré d'une clôture métallique traditionnellement désigné comme la **tombe de Calvin**. En réalité, l'endroit exact de son inhumation est inconnu. Cette fausse tombe a été réalisée plus tard, hommage posthume et discret au grand réformateur de Genève.

BÂTIMENT DES FORCES MOTRICES (BFM)

2 pl. des Volontaires.

Bel exemple de réhabilitation d'un édifice industriel, le Bâtiment des Forces Motrices (BFM) a été conçu en 1883 pour abriter une **usine** destinée à alimenter la ville de Genève avec les eaux du fleuve. Les travaux de ce chantier pharaonique ont débuté par l'assèchement d'une partie du Rhône. Pas moins de 10 ans ont été nécessaires à la construction du majestueux bâtiment en L, aux formes classiques, qui semble posé sur l'eau. À l'intérieur, c'était un espace vide, éclairé par d'immenses baies vitrées et occupé par cinq groupes de turbines. L'usine a fonctionné jusque dans les années 1960. Le bâtiment a ensuite été abandonné jusqu'en 1989, date de sa reconversion en **salle de spectacles** *(voir « Nos adresses » p. 92)*. Les soirs de concert, on croirait un paquebot éclairé flottant sur le Rhône.

Les Pâquis

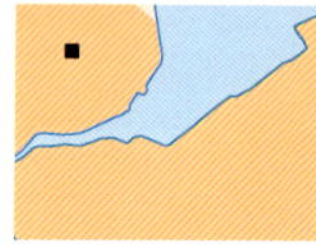

À l'intérieur du périmètre dessiné par la rue du Mont-Blanc, la rue de Lausanne, le quai Wilson et le quai du Mont-Blanc, vous êtes au centre de la Genève populaire, cosmopolite, multiculturelle, et en même temps, à deux pas des palaces qui longent le lac. Ce n'est pas un phénomène récent. En 1850, la démolition des fortifications de Genève puis, en 1858, la construction de la gare Cornavin ont eu pour conséquences l'urbanisation rapide par les populations des faubourgs attirées par la ville, et, dans le même temps, l'apparition du tourisme, en majorité en provenance d'Angleterre. C'est autour de 1860 que se sont dessinées les rues où s'amoncelaient les maisons construites à la va-vite de l'actuel quartier des Pâquis. Et c'est à la même époque que se sont élevés le long du lac des hôtels luxueux pour accueillir une clientèle fortunée.

▶**Accès :** BUS 6, 8, 9 ou 25 - Arrêt Mont-Blanc.
Plan détachable *A4-D4*.
▶**Conseil :** C'est dans ce quartier que vous trouverez le plus grand choix de cafés et restaurants à des prix abordables. Faites un tour aux Bains des Pâquis !

QUAIS RIVE DROITE

Partez du **pont du Mont-Blanc** (***C5***) et remontez les quais le long de la rive droite. Hôtel de la Paix, Beau-Rivage, Hôtel d'Angleterre, Grand Hôtel Kempinski... Ils sont tous là, témoins silencieux de la grande époque du tourisme britannique organisé par un certain **Thomas Cook**, et érigés de façon à pouvoir offrir au touriste la vue sur l'étendue paisible du lac Léman, avec en toile de fond, le célèbre mont Blanc.

MONUMENT BRUNSWICK

C4 Charles d'Este-Guelph, **duc de Brunswick**, mourut en 1873 sans laisser d'héritier. Il décida donc de léguer son immense fortune à la ville de Genève à condition, précisa-t-il, d'avoir « de belles funérailles et un monument ». Et comme la ville ne fait pas les choses à moitié, six ans plus tard était érigé cet extraordinaire mausolée de style néogothique à la gloire de son illustre bienfaiteur. Il le méritait bien car c'est grâce à lui que l'on a construit le Grand Théâtre de la place de Neuve. Remarquez, peu après le mausolée, en bordure du lac, la **statue d'Élisabeth d'Autriche**, la célèbre Sissi à l'endroit où elle a été poignardée le 10 septembre 1898 *(voir encadré ci-contre)*.

BAINS DES PÂQUIS

D3 Après le mausolée, empruntez la **jetée des Pâquis**. Vous vous repérerez grâce au panneau peint qui marque

Tragédie de Sissi

Le samedi 10 septembre 1898, peu après 14h, Sissi, l'impératrice Élisabeth d'Autriche, sort incognito de l'hôtel Beau-Rivage et s'effondre. Elle vient d'être poignardée. Pendant que son meurtrier s'enfuit, elle arrive quand même à monter sur le Genève, amarré juste en face, mais perd connaissance peu après. En ouvrant son corsage, le médecin observe un infime point rouge au-dessus du sein gauche. Sa dame de compagnie révèle alors le nom de sa maîtresse et le Genève revient à quai. Ramenée dans ses appartements, Sissi meurt à 14h40 dans les bras de Fanny Mayer, l'épouse du propriétaire de l'hôtel Beau-Rivage. Le meurtrier Luccheni a avoué plus tard que c'était le duc d'Orléans qu'il voulait assassiner mais, comme celui-ci avait changé de programme, c'est l'impératrice qu'il a tuée, sans autre raison que d'avoir, lui aussi, son quart d'heure de célébrité. Aujourd'hui, le Genève est amarré au début du quai Gustave-Ador. Tous les matins, on y distribue des petits-déjeuners aux SDF de Genève.

l'accès aux **Bains des Pâquis** *(voir « Nos adresses » p. 92)*. Entrez. Les Bains des Pâquis, c'est un vent de liberté qui souffle sur la rade, une parenthèse de tolérance et solidarité au milieu des banques et des palaces, une institution à laquelle les Genevois tiennent par-dessus tout. C'est le fruit du travail de l'Association des Usagers des Bains des Pâquis, fondée en 1987 pour sauvegarder un espace populaire dans la ville. Et quel espace ! Des **plages**, des **terrasses**, une **buvette**, des **bains turcs**, des **cabines de massage**, etc. On s'y sent comme à la maison.

Au bout de la jetée des Pâquis, le petit **phare blanc** qui marque l'entrée de la rade de Genève a une portée de 36 km !

PALAIS WILSON

D2 *52 r. des Pâquis (ne se visite pas).*
Ce palais abrite le **Haut-Commissariat des Nations Unies aux droits de l'Homme**. Construit dans les années 1870, cet édifice fut d'abord un luxueux palace, avant de devenir le siège de la **Société des nations** de 1920 à 1937. Il reçut son nom actuel en 1924, en l'honneur du président américain. Propriété de la Confédération depuis 1937, il a été ravagé par des incendies.

ÉGLISE SAINTE-TRINITÉ

C1 *16 r. Ferrier - mar.-dim. 14h30-17h30 - sam. 16h-18h.*
Érigée en 1994 par l'architecte tessinois **Ugo Brunoni**, l'église Sainte-Trinité est une leçon d'architecture moderne. La **sphère**, symbole de la perfection, du céleste, incarne le lieu sacré tandis que le **cube**, qui renvoie au rationnel, au terrestre, représente l'environnement urbain. À l'intérieur, les sources de lumière sont les 12 hublots, qui symbolisent les apôtres et au centre, 4 fenêtres identiques, symboles des évangélistes qui dessinent la croix de lumière, évoquant le Christ. Quel que

soit l'angle de vision, à l'extérieur ou à l'intérieur, l'harmonie des formes et l'équilibre des volumes sont impressionnants.

LES SCHTROUMPFS

A3 *R. Louis-Favre et Isabelle-Eberhardt.*
Ces immeubles d'habitation **polychromes**, semblant sortis d'un conte de fées, font penser aux créations de l'architecte espagnol **Gaudí**. Bâtis entre 1982 et 1984, ils sont nés de l'imagination de trois architectes : **Robert Frei**, **Christian Hunziker** et **Georges Berthoud**. Fourmillement de décors en mosaïque et en ferronnerie, arabesques aux formes les plus extravagantes... L'ensemble détonne dans le paysage genevois !

MUSÉE VOLTAIRE★

A4 *25 r. des Délices - ✆ 022 418 95 60 - www.ville-ge.ch/imv - ♿ (rdc) - musée : tlj sf w.-end (ouv. sam. pdt expos temporaires) 14h-17h ; bibliothèque : tlj sf w.-end 9h-12h, 14h-17h - fermé 23 déc.-2 janv., vend. et lun. de Pâques, 1er Mai, 7 sept. - gratuit.*
La demeure **Les Délices**, où Voltaire vécut de façon intermittente de 1755 à 1765, est devenue un **centre de recherches** consacré à l'écrivain et à son époque. Cet institut, qui a publié la première édition de l'énorme correspondance de Voltaire, abrite une **riche bibliothèque**.
Le **musée** proprement dit présente des imprimés (dont une édition originale de *Candide*) et des manuscrits, principalement des lettres de Voltaire et de ses correspondants (notamment l'une des dernières lettres que lui adressa le roi de Prusse Frédéric II). Le recueil de 199 cachets de correspondance aux armoiries de Voltaire constitue une curiosité étonnante.
Parmi les portraits, remarquez celui réalisé par Largillière, représentant l'écrivain à 24 ans (rez-de-chaussée), ainsi qu'un exemplaire en terre cuite du *Voltaire assis* de Houdon exécuté en 1781 pour Beaumarchais (1er étage, où se tiennent aussi les expositions temporaires).

MÉDIATHÈQUE DU FMAC (FONDS MUNICIPAL D'ART CONTEMPORAIN)

B5 *35 r. du Temple – ✆ 022 908 20 00 – www.centreimage.ch – ouv. en périodes d'exposition – mar.-dim. 12h-18h – gratuit.*
Le **FMAC** (***A7***), dans le quartier des Bains, a pour mission la constitution d'une **collection permanente d'art contemporain**. Ainsi depuis 2009, la **médiathèque** du FMAC – située, quant à elle, aux Pâquis – est l'un des centres de consultation et d'exposition vidéo les plus importants d'Europe, avec plus de 2 000 œuvres qui offrent un panorama exhaustif de l'**art vidéo** depuis ses débuts. Parmi les nombreux artistes, nous pouvons citer **Bill Viola**, **Bob Wilson**, **Gary Hill**, **William Vegman**.

Monument Brunswick

Quartier des Nations★

Genève est une ville assez petite – pas plus de 200 000 habitants, moins de la moitié de Lyon – et pourtant, dans le quartier des Nations, on a la sensation d'être dans une grande capitale. Ici, on prend toute la mesure de l'expression « être citoyen du monde ». Plus de 200 organisations internationales ont leur siège à Genève, la plupart situées dans la zone qui s'étend entre le lac et l'aéroport, de part et d'autre de la route de Ferney. Les deux organisations les plus importantes, l'office des Nations Unies et le Comité international de la Croix-Rouge – seules traitées dans ce guide –, se trouvent en bordure d'un ensemble de parcs exceptionnels, anciens jardins de villas édifiées par des familles patriciennes le long du lac au 19e s. La balade qui traverse ces parcs est splendide. Alors forcément, l'été, vous y rencontrerez parfois beaucoup de monde : joggeurs, promeneurs, touristes, etc.

▶**Accès :** BUS 5, 8, 11, 18, 22, F, V et Z ou Tram 15 direct jusqu'à la place des Nations (15mn, à partir de la gare Cornavin).

Plan Quartier des Nations ***p. 52.*** **Hors plan détachable.**

▶**Conseil :** Réservez l'après-midi pour le palais des Nations et la promenade le long du lac.

PLACE DES NATIONS

Sur cette immense **esplanade**, surgissent du sol 84 jets d'eau comme une réplique aux 193 drapeaux qui font une impressionnante haie d'honneur au palais des Nations. Et au milieu, l'émouvante **chaise cassée** (*Broken Chair*, 1997), œuvre du sculpteur genevois **Daniel Berset**, érigée par **Handicap International** pour appeler tous les États à signer la convention d'interdiction des mines antipersonnel. Remarquez aussi la belle tour concave, en verre bleuté, de l'**Organisation mondiale de la propriété intellectuelle** (OMPI).

PALAIS DES NATIONS★★

Entrée par le portail de Pregny, 14 av. de la Paix, en face du CICR - ☎ 022 917 48 96 - www.unog.ch/visit - ♿ (penser à prévenir) - visite guidée en français à 14h30 (1h) - sept.-mars : tlj sf w.-end, j. fériés ; avr.-août : tlj sf dim. - pièce d'identité exigée - 12 CHF/7 CHF - gratuit -6 ans.

☺ La visite en français du palais des Nations commence à 14h30. Il est conseillé d'arriver au moins 30mn avant pour passer les contrôles de sécurité. Vous pouvez déjeuner au restaurant du CICR en face de l'entrée du palais des Nations pour être sûr

Palais des Nations.

d'arriver à l'heure. Réservez le reste de votre après-midi pour faire la balade le long de la rive droite.
Le palais, construit dans les années 1929-1936 pour la Société des nations (SDN), est depuis 1946 le second centre de l'**Organisation des Nations Unies**, dont le siège se trouve à New York. Une aile très moderne a été ajoutée en 1973. Le beau parc qui l'entoure, planté de cèdres et de cyprès, ne se visite pas. Le palais des Nations est l'un des centres de conférences internationales les plus actifs du monde. La **salle des Pas-Perdus**, habillée de multiples variétés de marbres donnés par les pays de l'ONU, dessert la grande **salle des Assemblées** (2 000 places), utilisée pour les séances plénières.
Après avoir longé une galerie sur laquelle s'ouvrent des salles de réunion, on arrive à la **salle du Conseil**, où se déroulent les conférences les plus importantes. Cette salle est aussi appelée « salle espagnole » en l'honneur de Francisco de Vitoria, fondateur du droit international. L'artiste espagnol **José María Sert** a orné cette pièce de vastes fresques évoquant les progrès de l'humanité (progrès technique, social, scientifique).
Inaugurée en 2008 pour les 60 ans de la Déclaration universelle des droits de l'Homme, la **salle des Droits de l'Homme et de l'alliance des civilisations**, ou plus simplement salle 20, a été offerte par l'Espagne.

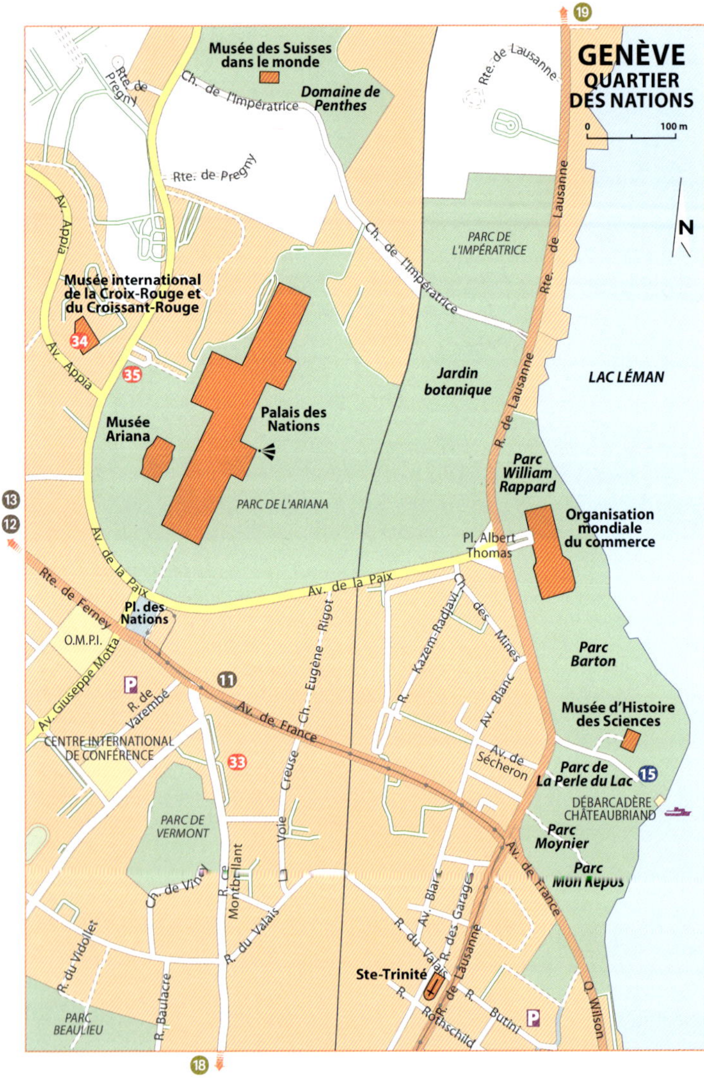
GENÈVE
QUARTIER DES NATIONS
0
100 m
N
19
18
13
12
Musée des Suisses dans le monde
Domaine de Penthes
Ch. de l'Impératrice
Rte. de Pregny
Rte. de Lausanne
Av. Appia
PARC DE L'IMPÉRATRICE
Musée international de la Croix-Rouge et du Croissant-Rouge
34
35
Jardin botanique
LAC LÉMAN
Musée Ariana
Palais des Nations
PARC DE L'ARIANA
R. de Lausanne
Parc William Rappard
Organisation mondiale du commerce
Pl. Albert Thomas
Av. de la Paix
Rte. de Ferney
Pl. des Nations
O.M.P.I.
Ch. Eugène-Rigot
Ch. des Mines
R. Kazem-Radjavi
Parc Barton
Av. Giuseppe Motta
R. de Varembé
11
Av. de France
Av. Blanc
Musée d'Histoire des Sciences
CENTRE INTERNATIONAL DE CONFÉRENCE
33
Voie Creuse
Av. de Sécheron
Parc de La Perle du Lac
15
DÉBARCADÈRE CHÂTEAUBRIAND
PARC DE VERMONT
Parc Moynier
Parc Mon Repos
Ch. de Vincy
R. de Montbrillant
R. du Valais
R. des Garages
R. du Vidollet
Ste-Trinité
R. de Lausanne
R. Baulacre
PARC BEAULIEU
R. Rothschild
R. Butini
Q. Wilson

Son plafond, décoré par l'artiste **Miquel Barceló** avec une peinture projetée par des canons à air comprimé, évoque la voûte d'une grotte hérissée de stalactites multicolores. La visite s'achève par un film sur l'action de l'ONU.

MUSÉE ARIANA★★

10 av. de la Paix - ✆ 022 418 54 54 - www.ville-ge.ch/ariana - ♿ - tlj sf lun. 10h-18h - expositions temporaires 10 CHF/7 CHF - gratuit -18 ans, collection permanente et 1er dim. du mois.

Fondé par un mécène genevois, **Gustave Revilliod** (1817-1890), le musée reçut le nom d'Ariana en hommage à **Ariane Revilliod-De la Rive**, mère du fondateur. Le bâtiment, dont l'architecture s'inspire d'un palais italien, a été construit par Émile Grobety entre 1879 et 1884.

vladj55 / iStock

Musée Ariana.

Au rez-de-chaussée, les collections illustrent magnifiquement près de dix siècles d'histoire de la céramique en Europe, au Proche-Orient et en Asie, depuis les origines de la faïence, avec une **coupe mésopotamienne** du 9e s. (salle 1), jusqu'aux premières **porcelaines de Meissen** au début du 18e s. mises en vis-à-vis avec des céramiques orientales pour montrer comment les deux styles – européens et orientaux – se sont mutuellement influencés. Les vitrines renferment des majoliques de la Renaissance italienne, de la **faïence de Delft** et des pièces de nombreux ateliers européens. On y suit l'évolution de la porcelaine chinoise et japonaise, importée en Europe du 16e s. à la fin du 18e s. Une zone didactique explique

SE LOGER
Lake Geneva Hotel 19
Nations (Les) 18

SE RESTAURER
Restaurant du Musée de la Croix-Rouge et du Croissant-Rouge........ 34
Sagano........ 33
Vieux-Bois (Le)........ 35

PRENDRE UN VERRE
Perle du Lac (La)........ 15

SORTIR
Arena de Genève........ 13
Casino du Lac 12
Opéra des Nations........ 11

les techniques de la céramique. Une autre section est dédiée à la verrerie européenne du 16e au 19e s.
Au 1er étage, plusieurs salles sont consacrées aux manufactures suisses (faïences de Winterthur, porcelaines de Genève, Nyon et Zurich) ainsi qu'à la céramique européenne des années 1900 à 1940. Une section propose un accrochage rotatif d'œuvres de jeunes céramistes contemporains.
La belle galerie aux colonnes torses est agrémentée d'un **salon de thé** et enrichie de verrerie suisse et européenne. Au sous-sol, trois salles reçoivent des expositions temporaires dédiées à l'histoire de la céramique et du verre, ainsi qu'aux productions de jeunes créateurs.

MUSÉE INTERNATIONAL DE LA CROIX-ROUGE ET DU CROISSANT-ROUGE★★

17 av. de la Paix (en face du palais des Nations) - ✆ 022 748 95 11 - www.redcrossmuseum.ch - ♿ - avr.-oct. 10h-18h ; nov.-mars : 10h-17h - fermé lun. - 15 CHF/7 CHF - gratuit -12 ans.
Pour en savoir plus p. 132.
Inauguré en 1988 et intégralement restructuré en 2013, le musée international de la Croix-Rouge et du Croissant-Rouge s'articule autour de trois thématiques – défendre la dignité humaine, reconstruire le lien familial et limiter les risques naturels – dont la conception de chacune a été confiée à un artiste contemporain. Totalement repensées, la muséographie délibérément moderne et la scénographie particulièrement inventive font la part belle à l'**émotion**. Des témoins, sorte de fil rouge de l'exposition, s'adressent directement aux visiteurs (taille réelle, regard qui interpelle) : qu'ils soient engagés dans l'action de l'institution, victimes de conflits ou experts de divers secteurs, ces héritiers d'**Henry Dunant**, le fondateur du mouvement, interrogent et sensibilisent...
Le premier thème, **« Défendre la dignité humaine »**, revient sur l'histoire de l'origine du **Comité international de la Croix-Rouge** (CICR), son rôle et ses prérogatives auprès des populations. L'action souvent méconnue du CICR auprès des prisonniers est particulièrement mise en valeur grâce à une sorte de **cabinet de curiosités** rempli d'objets réalisés par des détenus et offerts aux délégués du mouvement qui les visitaient. Le deuxième, **« Reconstruire le lien familial »**, aborde frontalement les tragédies familiales qui se nouent lors de conflits. Au-delà des 6 millions de fiches établies par l'Agence internationale des prisonniers de guerre bien rangées sur les étagères, une installation pertinente permet de retracer l'action du CICR dans cette quête familiale. Par ailleurs, l'évocation de la tragédie des enfants rwandais et du drame de Srebrenica illustre parfaitement la nécessité de protéger ce lien, en remontant le fil de l'histoire. Le troisième et dernier thème, **« Limiter les risques naturels »**, fait référence à l'un des enjeux majeurs des 20e et 21e s. : les **catastrophes naturelles**. Afin de sensibiliser le visiteur sur les différents acteurs à mobiliser et

les actions à mener pour réduire les risques, un jeu interactif est mis à disposition avec un seul objectif, sauver le plus de vies possible.

DOMAINE DE PENTHES

Édifié dans un parc de 12 ha, planté de hêtres magnifiques, avec une vue splendide sur le lac Léman et le mont Blanc, le petit **château de Penthes**, édifié dès le 14e s. et plusieurs fois remanié jusqu'au 19e s., accueillit en 1858 la **duchesse d'Orléans** et ses fils, le **comte de Paris** et le **duc de Chartres**. Le château abrite la Fondation pour l'histoire des Suisses dans le monde et son musée, le Centre de recherche et documentation Edouard-Marcel Sandoz consacré aux échanges entre la Suisse et le monde et un restaurant.

Musée des Suisses dans le monde – *18 ch. de l'Impératrice - Pregny-Chambésy - ✆ 022 734 90 21 - www.penthes.ch - fév.-déc. tlj sf lun. 10h-17h - visite guidée sur demande - 10 CHF (enf. 6 CHF). Pas d'accès pour personnes à mobilité réduite.*
Installé dans le château de Penthes, ce musée est consacré aux Suisses qui ont eu une influence à l'étranger, du Moyen Âge à nos jours : archéologues, pionniers de l'industrie et de l'aéronautique, précurseurs de la banque, diplomates et hommes d'État, écrivains, savants et médecins, etc. Il rassemble tableaux, meubles...

MON REPOS★★

Mon Repos désigne l'ensemble de **six parcs** qui se succèdent le long de la rive droite du lac : le Jardin botanique, le parc William Rappard, le parc Barton, le parc de La Perle du Lac, le parc Moynier et le parc Mon Repos. Ils forment le plus bel ensemble paysager de Genève.

Conservatoire et Jardin botanique★ – *L'entrée principale se trouve pl. Albert-Thomas - 6 autres entrées - ♿ - ✆ 022 418 51 00 - www.ville-ge.ch/cjb - jardin : nov.-mars 9h30-17h, avr.-oct. 8h-19h30 ; serres : 9h30-17h - gratuit.*
S'étendant sur 28 ha, ce jardin rassemble **16 000 espèces**.
Il comprend un **jardin de rocaille**★ (ou jardin alpin) dans lequel les plantes ont été réparties en groupes géographiques, un **arboretum**, des **serres** avec un jardin d'hiver abritant une luxuriante végétation tropicale et équatoriale, un **parc animalier**, etc.
On peut visiter sur rendez-vous le **Conservatoire**, qui contient une bibliothèque scientifique et un herbier parmi les plus importants au monde.
Les parcs suivants – que l'on a eu la bonne idée de ne pas séparer les uns des autres –, constituent un ensemble exceptionnel. Pour les visiter, on suit le sentier qui longe le lac en partant du Jardin botanique vers le sud. La promenade est ponctuée de petits ports, points de repère qui indiquent le passage d'un parc à l'autre.

Parc William Rappard – Vous tomberez d'abord sur l'immense bâtiment de l'**Organisation mondiale du commerce** dont les proportions choquent dans ce cadre. Mais, en face, vous trouverez l'un des endroits les plus agréables de Genève. Asseyez-vous sur un des bancs installés sous les saules du petit belvédère et

laissez-vous aller à la contemplation d'un site unique : la transparence de l'eau du lac, deux cygnes qui glissent, plus loin un grand bateau Belle Époque en route vers le large, et au loin, le sommet majestueux du Mont-Blanc. L'après-midi, la lumière est magique.

Parc Barton – Une forêt de séquoias, des chemins tortueux, et toujours, l'immensité paisible du lac. Vous apercevez en haut d'une pelouse la sobre **Villa Lammermoor**, d'un rose presque méditerranéen, siège de l'**Institut des hautes études internationales** de l'université de Genève.

Parc de La Perle du Lac – À l'entrée du parc, vous tomberez sur la belle loggia de la **Villa Bartholoni**, splendide demeure néoclassique abritant le **musée d'Histoire des Sciences** *(✆ 022 418 50 60 - www.ville-ge.ch/mhs - tlj sf mar. 10h-17h - fermé 1er janv. et 25 déc. - gratuit)*. Les collections ont été léguées par des familles de savants genevois (de Saussure, entre autres). Les salons sont décorés de remarquables peintures murales de style pompéien. À quelques pas, le salon de thé de **La Perle du Lac** forme une halte agréable *(voir « Nos adresses » p. 83)*.

Le point de vue que la terrasse offre sur le Léman est magnifique. Juste après, une immense pelouse fleurie, le **jardin de la Perle**, descend en pente douce vers le lac en face d'un charmant petit port.

Parc Moynier – La **Villa Moynier** est occupée par l'Académie de droit international humanitaire et de droits humains. Le port de ce parc est une minuscule jetée qui abrite des roseaux où se nichent des familles de canards.

Parc Mon Repos – Vous reconnaîtrez ce parc à ses arbres centenaires, ses plantes méditerranéennes et sa belle villa qui abrite le **Centre Henry Dunant pour le Dialogue Humanitaire**. Regardez de près le gracieux *Flûtiste charmeur*, bronze de Daniel Bourcart (1885) qui accueille les visiteurs du parc. Non loin de là, se trouve l'**orangerie**, baptisée « Pavillon Plantamour » en hommage au dernier propriétaire du site. La nuit, lorsqu'elle est éclairée, on dirait une grande lanterne chinoise posée au bord du lac.

Le sentier rejoint le quai Wilson à la hauteur de la *Main géante* de Piotr Uklanski, juste après *L'adolescent et le cheval* de Heinz Schwartz.

Carouge★

Ne dites surtout pas à un Carougeois qu'il est Genevois ! Même si la ville fait partie du canton de Genève depuis 1816, les Carougeois sont encore et toujours farouchement attachés à leur « différence ». Souvent surnommée le Greenwich Village de Genève, Carouge la bohème est à moins de 10mn en tram de la place de Neuve, de l'autre côté de l'Arve. Ici, dès l'arrivée des beaux jours, on se bouscule au marché, on déjeune au soleil à une terrasse, on fait le tour des artisans et des boutiques, on se balade à vélo, et, surtout, on respire un peu de cet air d'Italie qui souffle sur la ville.

▶**Accès :** Tram 12 et 18 (plusieurs arrêts desservent Carouge).
Plan de la ville ***p. 60.***
▶**Conseil :** Venez à Carouge en fin d'après-midi avant la fermeture des boutiques (entre 18h30 et 19h) et restez dîner. La ville regorge de bonnes adresses.

VIEILLE VILLE

Prenez le tram 12 ou le 18 et descendez à l'arrêt Marché : vous êtes rue Saint-Victor. Ce qui frappe en premier lieu à Carouge, c'est l'uniformité des maisons : un seul étage, avec des arcades en anse de panier au rez-de-chaussée et des fenêtres persiennes à l'étage, selon l'ordonnance datant de 1787 rédigée par Giardino, l'architecte officiel de la ville.

J.-B. Rabouan / hemis.fr

Carouge.

ÉGLISE SAINTE-CROIX

Pl. du Marché
Cette église catholique a été construite en 1777, et reconstruite en 1824, avec inversion de son plan à 180° ! De **style néopalladien** avec une forte influence italienne, elle conserve certains éléments de la riche décoration corinthienne de sa version originale. Remarquez les 12 belles statues en

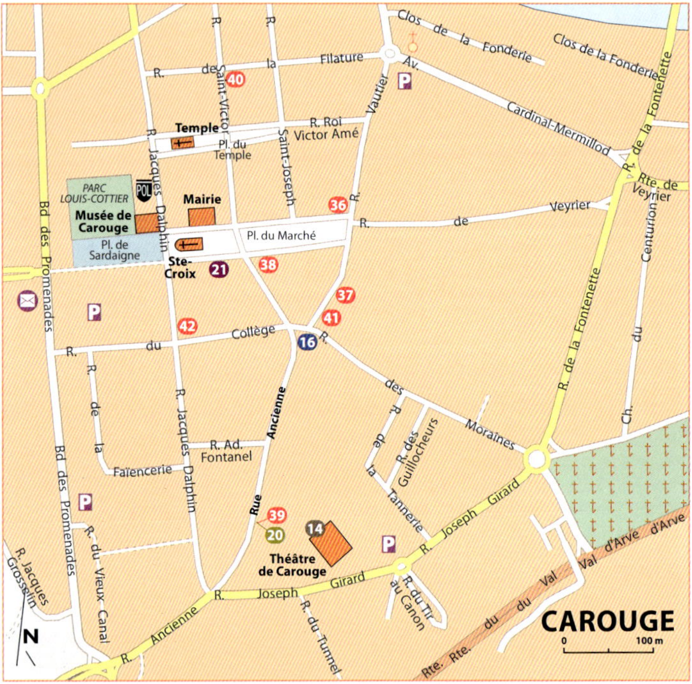

SE LOGER

Auberge Communale de Carouge 20

SE RESTAURER

Almercato 36

Bourse (La) 38

Café Les Négociants 40

Dix Vins (Le) 42

Flacon (Le) 41

PakùPakù 37

Vicolo 39 39

PRENDRE UN VERRE

Qu'importe 16

SHOPPING

Fine & More 21

SORTIR

Théâtre de Carouge-Atelier de Genève..... 14

Carouge, la libérale

Cette ville est un rare exemple de ville nouvelle construite au 18e s. Pour accélérer son peuplement, le roi de Sardaigne lui a fait bénéficier d'une politique libérale qui a favorisé la venue d'étrangers de toutes origines et appartenances religieuses, faisant de Carouge un modèle de tolérance et de diversité. Cette politique lui a donné un esprit très particulier qu'elle conserve aujourd'hui. Forcément, les genevois du 18e s. ne se faisaient pas prier pour traverser l'Arve et venir y faire la fête en catimini. Aujourd'hui, plus besoin de se cacher pour venir à Carouge et passer une soirée des plus agréables dans un des nombreux cafés et/ou restaurants !

bois représentant les apôtres et le mouvement du pagne du Christ en croix de Laurent Pécheux, également du 18e s. Avant de sortir, levez les yeux vers l'**orgue baroque**, son buffet est classé aux Monuments historiques.

MAIRIE

14 pl. du Marché - ✆ 022 307 89 87.
Elle se trouve à l'emplacement de l'ancien presbytère dont elle a occupé les locaux dès 1816 en les partageant avec la cure de l'église. Bel exemple de cohabitation, chacun avait son entrée : les curés utilisaient la porte de gauche et les fonctionnaires municipaux, celle de droite. Non loin, la **rue Ancienne** aligne les maisons qui existaient déjà avant le plan d'urbanisme. Prenez le temps de flâner, de regarder le travail des artisans, faire le tour des boutiques et des antiquaires. Prenez à droite la **rue Jacques Dalphin**.

MUSÉE DE CAROUGE

2 pl. de Sardaigne - ✆ 022 307 93 80 - www.carouge.ch - ouv. seult pdt les expositions temporaires - mar.-dim. - 14h-18h - gratuit.
Le petit musée abrite le fonds de faïences de Carouge, ainsi qu'une collection d'objets d'histoire locale. Côté peinture, le musée conserve le fonds **Émile Chambon** (peintre carougeois) et une donation d'œuvres du peintre **Rudolf Haas**.

TEMPLE DE CAROUGE

13 pl. du Temple - ✆ 022 343 17 40.
Impossible de ne pas sursauter en entrant ici ! Construit en 1822, ce temple est l'un des rares exemples d'édifices religieux protestants doté de peintures figuratives. Ces **belles fresques** de style Art Déco sont dues à **Éric Hermès** qui les a réalisées en 1922 grâce à Ernest Christen, alors pasteur de la paroisse.

Mont-Salève

Le « balcon de Genève » se trouve à 7 km de la ville, de l'autre côté de la frontière, en France. C'est la montagne préférée des Genevois. La montée en téléphérique le long de la paroi rocheuse du Salève est impressionnante. Une fois arrivés, vous bénéficiez d'une vue à couper le souffle sur Genève, le lac et les contreforts du Jura. Si vous montez un peu plus (attention, c'est un peu raide), vous aurez, de l'autre côté, une vue magnifique sur le mont Blanc.
Le Salève est un paradis pour les amateurs de montagne. Vous pouvez pratiquer une multitude d'activités : escalade, parapente, randonnée, VTT et ski de fond l'hiver. Mais aussi déjeuner dans un excellent restaurant gastronomique. Vous verrez même flotter les jolis drapeaux d'un monastère bouddhiste établi ici !

▶**Accès :** BUS 8 - Arrêt Veyrier-Douane (terminus) et BUS 44 - Arrêt Croix-de-Rozon-Douane (terminus). Puis 5mn à pied jusqu'au téléphérique du Salève.
▶**Conseil :** Au sommet du Mont-Salève, vous serez à 1350 m d'altitude. Pensez à vous couvrir, il fait assez frais, même l'été. Le Salève est particulièrement beau au printemps et au début de l'été quand il se couvre de millliers de fleurs.

La meilleure façon de découvrir le Salève est de le parcourir à pied depuis la gare inférieure ou supérieure du téléphérique *(guides disponibles à l'accueil du téléphérique).*

POUR LES PLUS SPORTIFS

5,5 km - durée : 2h30 - difficulté : moyenne.
Vous pouvez monter au sommet du Mont-Salève à pied, depuis la gare inférieure du téléphérique en suivant les panneaux « Gare supérieure ». Prenez l'escalier taillé dans la roche: c'est le **pas de l'Échelle**, tracé au 14e s. Cet escalier était longé au 19e s. par le train à crémaillère qui grimpait doucement la montagne. On imagine les voyageurs du train saluer au passage les marcheurs qui peinaient à pied à quelques mètres d'eux. Plus loin, vous attend le château du Monnetier à l'entrée de la commune de **Monnetier-Mornex**, une destination de villégiature très à la mode au début du 19e s. À l'oratoire de **Notre-Dame-de-Salève**, vous aurez une belle vue sur Genève. Encore un effort, et vous atteignez le Jardin botanique, vous êtes arrivé !

POUR TOUS LES AUTRES

4 km - durée : 2h- difficulté : facile.
À la sortie de la gare supérieure du téléphérique, prenez le sentier qui borde les jeux jusqu'à l'aire de parapente, appelée **« table d'orientation »**. Le **monastère bouddhiste** est ouvert au public. C'est un centre d'enseignement mais aussi de repos où l'on peut se restaurer. Continuez tout droit, vous

Panorama depuis le Mont-Salève.

D. Rynewska / age fotostock

arrivez vers un autre restaurant, **L'Observatoire** *(✆ 04 50 39 60 57 www.lobservatoire.fr, fermé mar.).* À partir de là, le sentier vous permet de découvrir des paysages qui s'ouvrent entre le Léman et le mont Blanc, le plus souvent en compagnie de vaches, ânes et moutons.

EN PARAPENTE

Vous pouvez aussi vous offrir un **baptême de parapente** *(voir rubrique « Activités sportives » p. 104).* Les vols durent 30mn et se font avec un parapente biplace en compagnie d'un moniteur. Aucune limite d'âge imposée. Sensations fortes assurées dans un cadre extraordinaire !

Astuce !

Pour les clients du téléphérique, une ***navette gratuite*** *assure la liaison entre les terminus des bus en provenance de Genève et la gare du téléphérique. Il suffit d'appeler la centrale de réservation au ✆ 04 50 84 46 78 au plus tard 2h avant le déplacement. Horaires centrale de réserv. : lun.-vend. 8h-19h, sam. 8h-12h et 13h30-17h - fermé dim.* ***Attention :*** *si vous prévoyez d'utiliser la navette un dimanche, pensez à réserver la veille.*
Société du Téléphérique du Salève *- Pas de l'Échelle - 74100 Étrambières - ✆ 04 50 39 86 86 - www.telepherique-du-saleve.com - 11,30 €/8,30 € pour la montée en téléphérique.*

Fondation Bodmer★★

Sur les hauteurs de la colline de Cologny se trouve un des plus beaux joyaux du patrimoine culturel de Genève, la collection exceptionnelle de documents écrits à laquelle Martin Bodmer (1899-1971) a consacré sa vie et dont la Fondation Bodmer présente quelques pièces. Dès l'entrée, on est frappé par l'élégance du lieu, que l'on doit à l'architecte suisse Mario Botta. La belle terrasse au sol bicolore est encadrée par les deux pavillons jumeaux qui abritent certains ouvrages de la bibliothèque de la Fondation, classée en 2015 au Patrimoine mondial de l'Unesco; elle mène à l'escalier qui descend au musée. La vue est magnifique.

▶ **Accès :** À Cologny, 19-21 rte Martin-Bodmer (au départ de Rive, BUS A, arrêt Cologny-Temple ou BUS 33, arrêt Croisée-de-Cologny). ✆ 022 707 44 33 - www.fondationbodmer.ch - ♿ - tlj sf lun. 14h-18h - 15 CHF - gratuit 1er merc. du mois 18h-21h et visite guidée offerte à 19h.

▶ **Conseil :** Pour assurer les meilleures conditions de conservation des objets exposés, la température est fixée à 18° C. Il y fait frais, pensez à prendre un pull.

Martin Bodmer a rassemblé plus de **160 000 témoignages** précieux de la pensée humaine des origines de l'écriture au 20e s. : documents archéologiques, papyrus, manuscrits, codex, incunables et autographes. Le musée expose environ 300 pièces parmi les plus représentatives de cette collection hors du commun. La visite du musée se déroule selon un **ordre chronologique**.

NIVEAU -1

Espace réservé aux débuts de la **civilisation écrite** (Sumer et Egypte), l'antiquité, le Moyen Âge, la Bible et sa tradition, la Renaissance et la section orientale. Les pièces exposées rendent compte des sujets qui intéressaient Martin Bodmer : l'**histoire et la société** (la Proclamation de Nabuchodonosor sur la reconstruction des temples et des palais de Babylone inscrite sur un cylindre d'argile en caractères cunéiformes), les **activités commerciales** (une tablette vieille de 4 000 ans où est inscrit le détail des rations de nourriture accordées aux esclaves à Sumer) l'**éducation** (l'émouvante tablette en bois sur laquelle un écolier égyptien du 4e s. a fait ses exercices d'écriture), les **cultes funéraires** (le magnifique Livre des Morts d'Hor du 4e s. av. J.-C). Plus loin, c'est l'extraordinaire **codex sur parchemin de l'Évangile de**

Fondation Martin Bodmer, Cologny (Genève)

Les cinq cubes en verre et la façade de la Fondation Bodmer conçus par Mario Botta.

Saint Matthieu l'un des premiers livres au monde (4e s.) et, de la même époque, le bouleversant **manuscrit coupé de l'Évangile de Saint Jean**, probablement victime d'un gnostique. Et aussi, le **passionnaire dit de Weissenau** (12e s.) sur lequel le moine-enlumineur s'est représenté lui-même en miniature au sein d'une lettrine et en train de peindre celle-ci (la mise en abyme est saisissante !). L'une des pièces maîtresses du musée (mais il y en a tant !), est l'un des rares exemplaires existants de la **Bible de Gutenberg**, le premier livre imprimé de l'histoire, à Mayence, en 1452. Cet exemplaire, qui avait appartenu aux tsars de Russie, a été acheté par Bodmer à Staline dans les années 1920.

NIVEAU -2

Ce niveau est consacré aux livres imprimés à partir du 17e s. jusqu'à l'époque contemporaine. La liste des trésors présentés ici est longue : pour seul exemple, l'**édition originale** de la première partie du *Don Quichotte* (1605), suivie de la deuxième partie, (1615) éditée avec l'Amadis de Gaule, le roman de chevalerie qui avait gâté l'esprit du héros de Cervantès. C'est également dans les vitrines de ce niveau que l'on découvre le trait impatient de **Napoléon**, la graphie précise de **Mozart**, l'écriture intelligente de **Proust**, la calligraphie minutieuse de **Borgès**. C'est ici qu'ont lieu les expositions temporaires.

CERN★

En arrivant au CERN, on est loin d'imaginer que c'est ici que se font les découvertes révolutionnaires de la physique fondamentale des dernières années. Depuis 1954, le Centre Européen de Recherche Nucléaire est l'un des laboratoires scientifiques les plus prestigieux du monde. C'est ici que l'on a été identifié, le 4 juillet 2012, avec une certitude de 99,99 %, le fameux boson de Higgs, joliment appelé la particule « divine » car c'est lui qui est à la base de la transformation d'énergie en matière, une véritable révolution dans la physique fondamentale. Il serait normal qu'un tel centre travaille à portes fermées, mais le CERN a ceci d'extraordinaire qu'il ouvre ses portes au grand public pour lui faire part de ses découvertes. Bienvenue dans l'univers des particules !

▶ **Accès :** CERN, rte de Meyrin. BUS Y - Arrêt CERN ou Tram 18 - Arrêt CERN (terminus). En voiture, de Genève, prendre en direction de l'aéroport, Lyon ou Meyrin. À Meyrin, prendre vers St-Genis. Le CERN est à gauche, peu avant la frontière avec la France. ✆ 022 767 76 76 - www.cern.ch - lun.-vend. 8h30-17h30, sam. 9h-17h - fermé dim., j. fériés suisses, vac. de Noël et de Pâques - gratuit.

▶ **Conseil :** Il est fortement conseillé de vérifier les dates d'ouverture sur le site Internet du CERN avant d'effectuer une visite. N'oubliez pas votre carte d'identité ou votre passeport. Les enfants de moins de 13 ans ne peuvent pas participer aux visites guidées. Talons hauts, chaussures ouvertes et sandales sont interdits pour des raisons de sécurité.

Pour en savoir plus p. 130.

LE GLOBE

Le **globe de la science et de l'innovation** est cette immense sphère en bois que vous verrez en arrivant. C'est le véritable emblème du CERN, conçue pour l'**exposition nationale suisse de 2002** par les architectes genevois Dessimoz et Büchi. Avec 40 m de diamètre et 27 m de hauteur, le Globe est un hommage à la terre et au génie des hommes.
Il est constitué en réalité de deux globes : l'extérieur, destiné à protéger l'édifice du soleil et des intempéries, et le globe intérieur, dont la charpente est constituée de 18 arcs cylindriques recouverts de panneaux de bois pour former une voûte magnifique. C'est le point de départ des visites guidées du laboratoire.

L'UNIVERS DES PARTICULES

L'exposition « Univers des particules » constitue un voyage vers l'origine du monde jusqu'au big bang. Situé dans le globe de la science et de l'innovation, ce parcours aborde les grandes questions de la physique

Y. Aziz / age fotostock

CERN, le globe de la science et de l'innovation.

contemporaine via une **expérience sensitive spectaculaire**. La scénographie très innovante plonge le spectateur au cœur d'un univers de particules déroutant.

MICROCOSM

L'autre exposition, « Microcosm », explore l'infiniment petit et l'infiniment grand. Installations audiovisuelles et multimédias, jeux et machines, réelles ou reconstituées, permettent de se familiariser avec des thèmes *a priori* aussi complexes que la structure de la matière, les forces de la nature ou le fonctionnement d'un accélérateur de particules. Tous les jours, en juillet et août *(11h et 13h)*, des guides (tous travaillent au CERN) vous expliqueront le fonctionnement du **LHC, le Grand Collisionneur de Hadrons** de façon simple et compréhensible !

LES LABORATOIRES

Pour aller plus loin, vous pouvez suivre une visite guidée par un physicien du CERN. Les sujets des visites sont variables : cela peut concerner le **Synchrocyclotron**, le tout premier accélérateur de particules du CERN mis en service en 1959. Ou bien **Atlas en surface**, un détecteur du Grand Collisionneur de Hadrons *(gratuit - réserv. obligatoire sur le site 15 j. à l'avance)*.

Lac Léman★★★

« Rien ne peut donner une idée de la magnificence de ce lac » écrit, au 19e s., l'une des dames d'honneur de l'impératrice Joséphine au lendemain d'une fête au château de Penthes. Grande comète bleue dont Genève serait l'étoile, le lac Léman est l'âme de Genève. Il lui offre un site exceptionnel, il adoucit son climat, il a été l'artifice de son développement économique dès le début de son histoire, il est sa principale attraction touristique depuis 200 ans. Dès la fin du 19e s., beaucoup de familles fortunées européennes ont choisi ses bords pour y établir leur résidence. Il fait partie de la vie quotidienne des Genevois, qui lui consacrent une bonne partie de leur temps libre, été comme hiver.

▶**Accès :** Les départs de croisières se font quai du Mont-Blanc pour les bateaux de la CGN ; promenade du Lac ou quai du Mont-Blanc pour ceux de Swissboat.
▶**Conseil :** La meilleure façon de découvrir le lac Léman est une croisière. L'hiver, parcourir en bateau les rives enneigées du lac constitue une très belle expérience. Mais il peut faire très froid à bord.

Rubrique « Croisières » p. 115.

LA RIVE DROITE

Exposée aux rayons du soleil levant, la rive droite s'étire au pied du Jura, comme une riviera de montagne. En partant du **quai du Mont-Blanc** vers le nord, ce sont d'abord les **Bains des Pâquis** *(voir « Nos adresses » p. 77 et 92)* qui vous invitent à vous baigner ou à prendre le soleil sur leurs terrasses. Puis se succèdent les ports miniatures des **parcs de Mon Repos** : l'été, une multitude de dériveurs et de petits hors-bord y sont amarrés au grand dam des pêcheurs venus ici taquiner le brochet. À la hauteur de **La Perle du Lac**, vous trouverez le **Ski Nautique Club de Genève** (SNCG, *voir rubrique « Activités sportives » p. 104*), l'occasion de faire un tour à ski nautique sur une eau le plus souvent très calme. Plus loin, ce sont les jardins de l'ancien conservatoire botanique qui marquent la limite de la ville de Genève. Au-delà se succèdent parcs et ports de plaisance. On aperçoit parfois une maison ou un château : la modeste Villa Joséphine, le majestueux château Rothschild, la maison haute de Saussure-Eisenhower, la Villa Barakat...

LA RIVE GAUCHE

Contrairement à la rive droite, cette rive est beaucoup moins sauvage. Dominée par la silhouette lointaine et lumineuse du mont Blanc, recouverte par endroits de vignobles, elle est plus riante, plus ensoleillée aussi. Au tout début du **quai Gustave-Ador**, ce sont deux bateaux mythiques qui surveillent cette rive : le *Genève*, le bateau du dernier voyage de Sissi, et la *Neptune*, la dernière barque historique du lac Léman encore à flot. Puis c'est une succession de ports, marinas et yacht clubs qui abritent des centaines de voiliers et bateaux à moteur. C'est ici que se trouvent **Les Corsaires** *(voir « Nos adresses » p. 104)*, où vous pourrez louer un bateau à voile ou un petit hors-bord. Plus loin, c'est le coin des **plages** *(voir encadré ci-dessous).*

Au-delà, on quitte la ville de Genève. On entre dans la commune de **Cologny**, où l'on reconnaît la Villa Diodati, célèbre pour avoir accueilli Lord Byron, Percy Shelley et sa femme Mary, qui y a écrit l'histoire de Frankenstein. De belles maisons entourées de jardins qui descendent jusqu'au lac alternent avec d'élégantes marinas (yacht-club de Cologny, le Port Bleu, Corsier, Anières). À **Collonges-Bellerive**, vous verrez sur un rocher un peu au large la **sirène du Léman**, sculptée par l'artiste suédoise Natasha de Senger. La rive droite est très belle l'après-midi, sous la lumière du couchant.

LE RHÔNE

À sa sortie du lac, le Rhône perd de son impétuosité et son cours bridé par les barrages successifs devient navigable. Dès sa jonction avec les eaux de l'Arve, il coule entre les hautes falaises de Saint-Jean et dessine de vastes courbes en traversant une succession de forêts. La descente en bateau de **croisière**★★ est particulièrement belle *(voir rubrique « Croisières » p. 115)*. Là où l'on s'attendait à voir défiler les maisons d'une banlieue industrielle, on découvre une forêt luxuriante.

L'ARVE

Née dans le massif du Mont-Blanc, l'Arve arrive à Genève gonflée par les torrents de montagne qui charrient les alluvions des glaciers. Son cours impétueux offre une occasion parfaite de s'initier au **rafting** (*voir rubrique « Activités sportives » p. 104*). Aucune expérience préalable n'est exigée, seulement savoir nager et être prêt à affronter les rapides de la rivière !

Plages

Si vous avez envie de vous prélasser au soleil ou de piquer une tête, voici les plages conseillées :

*- **Baby-Plage** (quai Gustave-Ador) : la seule plage publique et gratuite de Genève, ouverte à tous. Jeux pour enfants et douches.* *voir p. 29*

*- **Bains des Pâquis** (30 quai du Mont-Blanc) : l'établissement mythique de la jetée des Pâquis. Plages, terrasses, buvettes, dans une ambiance conviviale.* *voir p. 46 et 92*

*- **Genève-Plage** (Port-Noir, quai de Cologny) : plages aménagées, piscines (dont un bassin olympique), toboggan, plongeoirs, aquagym, terrains de beach-volley, de pétanque, tables de ping-pong, restaurants.* *voir p. 29*

*- **Tropical Corner** (5 quai de Cologny) : plage, restaurant. Location et cours de windsurf et stand up paddle.* *voir p. 29 et 105*

Nos adresses

Se restaurer 72
Prendre un verre 80
Shopping 84
Sortir 90
Se loger 94

Table du petit-déjeuner à l'hôtel Longemalle.
Hôtel Longemalle.

Se restaurer

Pas d'inquiétude, le choix est très vaste ! La restauration à Genève est bien le reflet du cosmopolitisme de sa population. C'est aux Pâquis, et à Carouge l'été, que vous trouverez le plus grand choix de restaurants. Pour un déjeuner sur le pouce, toutes les boulangeries proposent à midi une « petite restauration » que l'on déguste sur place, à base de quiches, salades, sandwichs et gâteaux, toujours de très bonne qualité.
Si l'on veut prendre un repas plus complet, la plupart des restaurants ont un plat du jour qui est en réalité un menu du jour (entrée et plat), le plus souvent autour de 20 CHF. Mais il n'est servi qu'à midi. Le soir, si l'on veut éviter les cartes aux prix parfois un peu excessifs, on peut préférer des tapas, souvent proposées à partir de 18h.

Repérez les adresses sur nos plans grâce aux pastilles numérotées (ex. 1). Les coordonnées en rouge (ex. C2) font référence au plan détachable (à l'intérieur de la couverture).

VILLE HAUTE

***Plan Ville Haute et rive gauche** p. 18-19*

La Ville Haute est le quartier touristique de Genève, ce qui offre un avantage non négligeable : c'est ici que vous trouverez des restaurants ouverts le dimanche, à des prix abordables.

Moins de 35 CHF

1 **La crêperie Saint-Pierre** – **C7** - *6 pl. de la Taconnerie - ✆ 022 310 09 76 - 8h-22h - 25/40 CHF.* Excellent rapport qualité/prix pour des crêpes bien faites, variées, servies dans une petite salle simple mais accueillante au rez-de-chaussée d'une charmante bâtisse à côté de la cathédrale. Seul bémol : le café qu'il vaut mieux prendre au café **La Clémence**, à deux pas de là *(voir p. 80).*

2 **Chez ma Cousine** – **C7** - *6 pl. du Bourg-de-Four - ✆ 022 310 96 96 - www.chezmacousine.ch - 11h-23h30 - 25 CHF.* Tout près de la cathédrale, café-restaurant au cadre gai et coloré (murs jaunes, tables vertes). On y mange du poulet sous toutes ses formes. Service rapide.

De 35 à 60 CHF

3 **Au pied de cochon** – **C7** - *4 pl. du Bourg-de-Four - ✆ 022 310 47 97 - www.pied-de-cochon.ch - 12h-22h - 30 (midi)/45 CHF.* Tous les jours, un plat du jour différent *(19,5 CHF).* Décor assez sobre mais la cuisine est très honnête et les plats copieux.

4 **Café Papon** – **C7** - *1 r. Henri-Fazy - ✆ 022 311 54 28 - www.cafe-papon.com - lun.-vend. 7h-22h30 (9h30 le sam.) - fermé dim. - réserv. conseillée - 33 (midi)/60 CHF.* Ce restaurant, intégré au bâtiment historique de l'hôtel de ville, donne sur une jolie place ombragée. Cuisine traditionnelle servie dans une belle salle rustique en pierre avec beaucoup de cachet.

5 Brasserie-Restaurant de l'Hôtel-de-Ville – **C6** - *39 Grand'rue - ✆ 022 311 70 30 - www.hdvglozu.ch - 10h-23h30 - 30 (midi sf w.-end)/ 55 CHF.* Dans ce restaurant mythique situé dans la Grand'rue, le père Glozu vous attend avec d'excellentes spécialités suisses. En premier lieu bien sûr, la fondue moitié-moitié et, pour les très grosses faims, la trilogie genevoise, à base d'abats et de saucisses selon une recette inchangée depuis 1602. Bon appétit ! L'été, on y vient pour son agréable terrasse au soleil.

6 La Favola – **C6** - *15 r. Jean-Calvin - ✆ 022 311 74 37 - tlj sf sam. midi et dim. 12h-14h et 19h-22h - réserv. conseillée - 35 (midi)/ 100 CHF.* Derrière la façade en bois d'une maison du 17e s. se cache un petit restaurant sur deux étages où l'on prépare une cuisine italienne inventive, savoureuse et bien présentée.

De 60 à 100 CHF

7 La Bottega – **C6** - *3 Grand'rue - ✆ 022 736 10 00 - www.labottegatrattoria.com - fermé sam.-dim. et 2 sem. en fin juil.-début août - 71/97 CHF (menu à 46 CHF le midi).* Deux chefs aux belles références, Paulo Airaudo et Francesco Gasbarro, sont aux commandes de cette exquise trattoria du vieux Genève. De beaux produits bio simplement préparés, de délicieuses pâtes fraiches maison, un décor épuré : on applique ici à la lettre cette devise de Léonard de Vinci : « La semplicità è l'estrema perfezione » !

AU PIED DE LA VILLE HAUTE

Plan Ville Haute et rive gauche ***p. 18-19***

Moins de 35 CHF

8 Globus Food Hall – **C5** - *48 r. du Rhône - tlj sf dim. 7h30-22h - 20/30 CHF.* Ouvert au sein de Globus, le grand magasin préféré des Genevois, ce lieu branché, propose à toute heure de la journée sushis, crêpes, fruits de mer, antipasti, cuisine asiatique... et même du caviar. Allez au **Denise's** (juste avant l'accès au magasin) goûter les hamburgers de luxe du chef étoilé Philippe Chevrier.

9 La Romantica – **C6** - *2 r. de la Rôtisserie - ✆ 022 311 41 10 - www.laromantica-geneve.ch - tlj sf dim. midi 7h-15h et 18h45-23h15 - 30 CHF.* Pizzeria au pied de la Ville Haute. Cuisine simple mais très correcte. Une suggestion ? La pizza piémontaise parfumée à la truffe.

De 35 à 60 CHF

10 Brasserie des Halles de l'Île – **B5** - *1 pl. de l'Île - ✆ 022 311 08 88 - www.brasseriedeshallesdelile.ch - lun.-vend. 12h-14h30 et 18h30-22h - 19 (midi)/ 45 CHF.* Situé sur l'île au milieu du Rhône, ce restaurant réaménagé dans le style loft-design est doté d'une salle à manger panoramique et d'une terrasse qui s'ouvrent sur le fleuve. Un grand classique : le délicieux *swiss cheeseburger* au vacherin fribourgeois AOP. Brunch le dimanche *(39 CHF - réserv. obligatoire).*

11 Katrépices – **B6** - *1 pl. de la Synagogue - ✆ 022 311 44 11 - www.katrepices.com - tlj sf sam. et dim. 10h-0h - 35 (midi)/60 CHF.*

Au milieu du quartier des banques, un restaurant-bar à vin très stylisé (tables hautes en bois, lampes dénudées) où l'on vous proposera une carte courte mais soignée (cuisine du marché à midi et tapas le soir).

12 **Café du Centre** – ***C6*** - *5 pl. du Molard - 022 311 85 86 - www.cafeducentre.ch - lun.-vend. 6h-1h (lun. 0h), sam. 9h-1h, dim. 9h-0h - 50 CHF (plat du jour à 19 CHF).* Restaurant bien situé, dans le quartier des magasins chics. Spécialités de fruits de mer et de poissons.

De 60 à 100 CHF

13 **Brasserie Lipp** – ***C6*** - *8 r. de la Confédération (tout en haut des escalators du Confédération Centre) - 022 318 80 30 - www.brasserie-lipp.com - 7h-2h, dim. 9h-2h - 70 CHF.* Agréable terrasse, antichambre du monde du commerce et de la finance, où l'on prend son petit-déjeuner le matin ou un repas à n'importe quelle heure, chose assez rare à Genève.

14 **Au Phil du Temps** – ***C5*** - *Cité du Temps, pont de la Machine - 022 310 58 03 - www.auphildutemps.ch - tlj sf sam.-dim. 12h-14h - 75 CHF.* Pour s'offrir une halte gastronomique à la Cité du Temps, le royaume de la marque Swatch.

15 **Restaurant du Parc des Bastions** – ***C7*** - *1 prom. des Bastions - 022 310 86 66 - www.bastions.ch - tlj sf dim. soir 10h-22h - 70 CHF (brunch le dim. 48 CHF).* Installé dans l'ancien kiosque à musique du parc des Bastions, c'est l'endroit idéal pour un dîner romantique ou un brunch. Carte raffinée. À découvrir : le tartare de féra du Léman.

RIVE GAUCHE ET LES EAUX-VIVES

Moins de 35 CHF

16 **Le coup de girafe** – ***EF6*** - *18 r. Maunoir - 022 700 96 32 - tlj sf dim. soir et lun. 10h-23h30 - 25 CHF.* Dès qu'on passe la porte, on a l'impression d'entrer dans une maison de famille à la campagne. Et on a envie de s'y poser, le temps de prendre un thé avec une part de l'un des gâteaux faits maison posés sur le comptoir en bois à l'entrée. Parfait pour un brunch le dimanche *(20 CHF).* Probablement le meilleur gâteau au chocolat de Genève !

17 **Vert Attitude** – ***E6*** - *2 r. du Nant - 022 735 58 58 - www.misuji.ch - tlj sf sam.-dim. 11h30-14h30 et 18h-22h - 20/30 CHF.* On compose son assiette à partir du buffet placé au centre de la salle, on pèse et on paye en fonction du poids. Celui-ci, très varié, est uniquement composé de plats végétariens, dont l'excellent quinoa avec raisins et pommes à la cannelle et les racines de persil rôties aux épices. À découvrir absolument !

De 35 à 60 CHF

18 **Restaurant du Parc des Eaux-Vives** – ***G4*** - *82 quai Gustave-Ador - 022 849 75 75 - www.parcdeseauxvives.ch - 33 (midi)/70 CHF - réserv. conseillée.* Dans le sublime parc des Eaux-Vives, une maison de maître du 18e s. à l'ambiance très cosy abrite une brasserie et quelques chambres d'hôtel. La carte fait la part belle au féra, le célèbre poisson du lac, un must. S'il fait beau, installez-

Restaurant Hôtel du Parc des Eaux-Vives

La terrasse du restaurant du Parc des Eaux-Vives surplombant le lac Léman.

vous sur la terrasse qui surplombe le parc et le lac. Ou, encore mieux, demandez un « pique-nique de luxe » que vous dégusterez dans le parc, à l'ombre des séquoias géants (*à partir de 22 CHF le panier*).

À proximité

Plan Ville Haute et rive gauche p. 18-19

De 35 à 60 CHF

19 **Le Vallon** - *182 rte de Florissant, Chêne Bougeries, 5 km au sud-est de Genève - ✆ 022 347 11 04 - www.restaurant-vallon.com - tlj sf dim. 12h-14h et 19h-22h - 48 (midi)/ 80 CHF.* Dans un cadre campagnard agréable et reposant, très bonne cuisine et carte variée.

QUARTIER DES TRANCHÉES

Plan Ville Haute et rive gauche p. 18-19

Moins de 35 CHF

20 **Le Barocco** – **D7** - *Musée d'Art et d'Histoire - 2 r. Charles-Galland - ✆ 022 418 26 82 - tlj sf lun. 10h-17h - 21 (plat du jour)/35 CHF.* Derrière ses lourds rideaux de velours, le restaurant situé au rez-de-chaussée du musée d'Art et d'Histoire de Genève bénéficie d'un cadre exceptionnel (et de la belle cour du musée l'été). La carte est assez réduite mais appétissante, avec quelques plats exotiques (les crevettes au curry sont un délice). Mais c'est surtout le crumble aux

pommes qui a fait sa réputation et attire une clientèle bien au-delà des visiteurs du musée.

De 35 à 60 CHF

21 **Opéra Bouffe** – ***E6*** *- 5 av. de Frontenex - ✆ 022 736 63 00 - www.operabouffe.ch - lun.-vend. 12h-1h30, 19h-0h, sam. 19h-0h - 35 (midi)/ 70 CHF.* Dans ce restaurant au décor un tantinet baroque, on dîne sur fond de musique d'opéra. Ambiance romantique le soir, avec bougies. La carte change tous les mois. Cuisine française variée et très soignée.

De 60 à 100 CHF

22 **Le Patio** – ***D7*** *- 19 bd Helvétique - ✆ 022 736 66 75 - www.lepatio-restaurant.ch - lun. vend. 12h-15h et 19h-23h - 45 (midi)/100 CHF.* Le homard et le bœuf sont les spécialités de la maison, et le chef a l'art et la manière de les cuisiner avec brio, en plat et en entrée.

PLAINPALAIS ET LE QUARTIER DES BAINS

Plan Ville Haute et rive gauche ***p. 18-19***

Moins de 35 CHF

23 **Café la Ferblanterie** – ***A8*** *- 8 r. de l'École-de-Médecine - ✆ 022 320 90 42 - lun.-sam. 7h30-1h, dim. 17h-0h - 20 CHF.* Petite restauration maison (sandwichs, quiches, salades, tartes et délicieux gâteaux) dans une ambiance de café de quartier alternatif. La terrasse à l'arrière est vraiment irrésistible. L'endroit est très fréquenté le soir par les étudiants. Accueil très souriant.

S. Lhéraud / Michelin

Café la Ferblanterie.

24 **Café du MEG** – ***A8*** *- 65 bd Carl-Vogt - ✆ 765 58 20 35 - tlj sf lun. 11h-18h - 21 (plat du jour)/35 CHF.* À gauche de l'entrée du musée, une dizaine de tables ont été installées le long des baies vitrées qui donnent sur le boulevard Carl-Vogt. L'endroit n'est pas très cosy mais calme et lumineux et vous y prendrez un plat du jour préparé avec des ingrédients de bonne qualité pour un prix très correct. Les desserts sont tentants.

27 **Café de la Tour** – *32 ch. de la Bâtie, bois de la Bâtie - ✆ 022 793 98 18 - tlj sf lun. 11h45-14h - 25 CHF.* Si vous allez vous balader au bois de la Bâtie et à la pointe de la Jonction, ce café-brasserie est un bon but de

promenade. Fondue le jeudi et filets de perche le vendredi.

De 35 à 60 CHF

25 **Misuji** – *49 bd du Pont-d'Arve - 022 320 10 00 - www.misuji.ch - tlj sf dim. et lun. 11h30-22h30 - 35/50 CHF.* Choix très complet de sushis préparés devant vous par le chef avec des produits d'une fraîcheur parfaite. Un bon rapport qualité/prix. Une valeur sûre à Genève.

26 **La Cantine des Commerçants** – **A7** - *49 bd Carl-Vogt - 022 328 16 70 - www.lacantine.ch - fermé dim.-lun. et 2 sem. fin juil.-déb. août - 19 CHF (plat du jour), 48 CHF (menu), 65 CHF (dîner).* Filets de maquereau et escabèche d'agrumes, coquelet farci aux pleurotes, crumble banane... Une cuisine actuelle, dans un cadre à l'unisson : ton vert pomme dominant, objets d'esprit vintage, grand comptoir central... Une « cantine » toute trouvée, dans le quartier des anciens abattoirs !

LES PÂQUIS

Moins de 35 CHF

28 **Buvette des Bains des Pâquis** – **D3** - *30 quai du Mont-Blanc - 022 738 16 16 - www.buvettedesbains.ch - 11h30-14h et 18h-22h30 - 12/25 CHF.* À deux pas des palaces et des banques, souffle un petit air de liberté. Dans ce site mythique, symbole de l'esprit associatif de Genève, vous pouvez déguster, à midi et le soir, des plats du jour copieux entre 9 et 14 CHF. Et, de septembre à avril, la spécialité maison : une succulente fondue au crémant *(23 CHF - réserv. impérative)*. C'est également le lieu idéal pour prendre un petit-déjeuner complet au soleil au bord de l'eau. Halte fortement recommandée, ne serait-ce que le temps d'un café, pour appréhender un aspect très peu connu de la ville.

29 **The Hamburger Foundation** – **D3** - *37 r. Philippe-Plantamour - 022 310 00 44 - www.thehamburgerfoundation.ch - 11h30-22h30 (23h le w.-end) - 19/21 CHF.* Fort du succès de ses Food Trucks qui sillonnent les rues de Genève, The Hamburger Foundation a ouvert son restaurant. Avec sa cuisine ouverte, sa déco new-yorkaise et ses burgers aussi moelleux que goûteux, cette adresse vaut le détour. Laissez-vous tenter par le cheesecake, un délice !

De 35 à 60 CHF

30 **Les 5 Portes** – **C3** - *8 r. de Zurich - 022 731 84 38 - www.les5portes.com - lun.-vend. 12h-0h, sam. 18h-0h, dim. 11h-22h - 70 CHF (brunch à 22 CHF le dim.).* Des fauteuils rouges moelleux, des tables en bois ciré, un piano dans un coin qui n'attend que vous, l'endroit est très accueillant. On recommande la souris d'agneau au thym, très appréciée des habitués.

31 **Cottage café** – **C4** - *7 r. Adhémar-Fabri - 022 731 60 16 - www.cottagecafe.ch - tlj sf dim. 12h-14h et 18h-22h - 23,5 (plat du jour à midi)/60 CHF.* Juste derrière le Monument Brunswick, se trouve une petite maison que l'on croirait sortie tout droit de *Hansel et Gretel*. Et comme dans un conte, on se sent

irrésistiblement attiré par l'endroit. Tant mieux. Le Cottage café est probablement l'un des restaurants les plus sympathiques et accueillants de Genève. À midi, Nicole Boder vous propose une cuisine très soignée et créative et, à partir de 18h, vous ferez votre choix parmi une trentaine de tapas, toutes plus inventives les unes que les autres. Très bonne sélection de thés à boire l'après-midi sous les platanes en lisant les journaux mis à votre disposition.

De 60 à 100 CHF

32 **Rasoi** – **B5** - *1 quai Turrettini - ✆ 022 909 00 00 - www.mandarinoriental.com - mar.-vend. 12h-13h45 et 19h-21h45 - 60 (midi)/110 CHF.* À l'intérieur de l'hôtel Mandarin Oriental, cuisine indienne délicieusement revisitée, servie dans un cadre tendance avec une terrasse sur le Rhône. Service appliqué et ambiance cosmopolite. Goûtez l'assiette Rasoi, un petit assortiment de tandoori qui va du moins au plus épicé et que l'on finit par un chutney de crabe pour se rafraîchir le palais. Une expérience à elle toute seule.

QUARTIER DES NATIONS

***Plan Quartier des Nations* p. 52**

Moins de 35 CHF

33 **Sagano** – *86 r. de Montbrillant - ✆ 022 733 11 50 - www.sagano.ch - tlj sf sam. midi et dim. 12h-13h30 et 19h-20h30 - 23 (midi)/60 CHF.* Poussez la porte du Sagano pour un délicieux voyage dans l'empire du Soleil-Levant. Cadre zen avec tatamis et tables basses. Les côtelettes de saumon à la sauce teriyaki vous feront fondre. Beau choix de vins.

34 **Restaurant du Musée de la Croix-Rouge et du Croissant-Rouge** – *17 av. de la Paix - ✆ 022 748 95 11 - 7h30-16h30, sam.-dim. 11h-15h - 20 CHF.* C'est le self-service du Comité international de la Croix-Rouge. Il se trouve juste au-dessus du musée (prendre l'ascenseur ou l'escalier en colimaçon derrière l'accueil) et a l'avantage d'exister dans un quartier où il n'y a pratiquement pas de restaurants ni de cafés abordables. Bonne surprise, les plats proposés sont variés, généreux et de bonne qualité. L'occasion de parler des grands problèmes humanitaires avec ses voisins de table.

35 **Le Vieux-Bois** – *12 av. de la Paix - ✆ 022 919 24 26 - www.vieux-bois.ch - lun.-vend. 12h30-14h30 - 55/90 CHF - réserv. conseillée.* Le Vieux-Bois est le restaurant d'application des étudiants de l'École hôtelière de Genève qui travaillent sous la supervision de chefs de cuisine prestigieux et de professionnels de la restauration très reconnus. Autant dire que le service est impeccable. Et la cuisine de très haut niveau.

CAROUGE

***Plan de Carouge* p. 60**

À moins de 10mn de la place de Neuve par le Tram 12 ou 18 (arrêt Marché) ou à 8mn à vélo, Carouge offre une grande variété de restaurants et bistrots de très bonne qualité dans une ambiance un peu bohème.

Moins de 35 CHF

36 **Almercato** – *2 pl. du Marché - 022 342 41 20 - 12h-14h- fermé sam.-dim. - 30 CHF.* Dans ce café-restaurant-épicerie, vous pourrez acheter les pâtes fraîches, la sauce tomate et le fromage que vous aurez dégustés auparavant. Le soir, on boit un verre de vin italien accompagné d'une planche de charcuterie et de fromages italiens. L'agréable note de fin de repas est le café, délicieusement italien.

De 35 à 60 CHF

37 **PakùPakù** – *43 r. Vautier - 022 301 00 03 - www.misuji.ch - mar.-sam. 12h-14h et 19h-22h30 - 19 (bento du jour)/50 CHF.* Excellent restaurant japonais à Carouge. La vedette de la carte est le black code jindara, un poisson très rare qui vit uniquement au fond de la mer et que le chef vous servira grillé, mariné à la sauce soja. Bonne sélection de vins et accueil sympathique.

38 **La Bourse** – *7 pl. du Marché - 022 342 04 66 - www.resto.ch/labourse - mar.-sam. 12h-14h30 et 19h-23h - 30 (en semaine à midi)/60 CHF.* Dans des caves voûtées, pizzas, pâtes, fondues et pierrades. Vins du vignoble genevois.

39 **Vicolo 39** – *39 r. Ancienne - 022 338 07 10 - www.vicolo39.ch - tlj sf lun. soir 12h-14h et 19h-22h - 40 CHF.* Fondé par un groupe d'amis italiens qui ont voulu transmettre leur passion pour l'authentique cuisine italienne, simple et vraie. C'est ici le royaume du pecorino, des *pappardelle* et du tiramisù. Décoration sobre et de bon goût. Belle terrasse l'été, idéale pour y siroter un campari sous les platanes en attendant ses *rigatoni* au parmesan.

40 **Café Les Négociants** – *29 r. de la Filature - 022 300 31 30 - www.negociants.ch - tlj sf dim. 12h-14h30, 19h-22h30 - 29/84 CHF.* Restaurant très agréable, décoré façon bistrot rétro – bar en zinc, parquet en bois – où l'on vient déguster la fameuse entrecôte carougeoise, entre autres spécialités. Riche cave à vins et sommeliers expérimentés.

De 60 à 100 CHF

41 **Le Flacon** – *45 r. Vautier - 022 342 15 20 - www.leflacon.ch - mar.-sam. (sf sam. midi) 12h-14h30 et 19h-22h30 - 75/140 CHF.* La cuisine du Flacon est en vitrine, exposée au regard des passants dans la rue et des clients dans la salle, qui peuvent apprécier le travail du chef Yoann Caloué et de son équipe. Cela donne un côté très chic à ce très grand restaurant où les plats nous mettent en appétit rien qu'à lire leur énoncé sur la carte.

42 **Le Dix Vins** – *29 bis r. Jacques-Dalphin (à deux pas du restaurant La Bourse) - 022 342 40 10 - lun.-vend. 12h-13h30 et 19h-21h30 - 80/120 CHF.* Plats fins et originaux, dont le foie gras de canard rôti entier aux lentilles. Service impeccable.

Prendre un verre

Les cafés sont accueillants, les chocolateries irrésistibles, les bars à cocktails débordants de créativité... Si vous êtes à Genève en semaine, ne manquez pas l'after-work du jeudi soir. À la sortie du travail, vers 18h, les Genevois se retrouvent entre amis pour un verre qui se prolonge souvent tard dans la soirée. Une institution.

Repérez les adresses sur nos plans grâce aux pastilles numérotées (ex. 1). Les coordonnées en rouge (ex. C2) font référence au plan détachable (à l'intérieur de la couverture).

VILLE HAUTE

***Plan Ville Haute et rive gauche** p. 18-19*

1 **La Clémence** – **C7** - *20 pl. du Bourg-de-Four - 022 312 24 98 - www.laclemence.ch - lun.-jeu. 7h-1h, vend. 7h-2h, sam. 8h-2h, dim. 8h-1h.* La terrasse la plus connue de Genève est l'endroit idéal pour siroter un spritz l'été en regardant les passants de la place et, l'hiver, se requinquer avec un bon chocolat chaud.

2 **Le Demi-Lune** – **CD7** - *3 r. Étienne-Dumont - 022 312 12 90 - www.demilune.ch - lun.-merc. 10h-0h, jeu. vend. 10h-2h, sam. 16h-2h, dim. 12h-0h - restauration non-stop jusqu'à 23h30.* Ce café, un grand classique de la Ville Haute, est toujours aussi en vogue 20 ans après sa création, à en juger par la clientèle internationale qui se presse ici, à partir de 19h. Décoration à l'ancienne (fauteuils de cuir, plancher en bois).

3 **Time Lounge Bar** – **C6** - *13 r. de la Cité - 022 310 30 23 - mar.-jeu. 17h-1h, vend. 7h-2h, sam. 10h-2h.* Très bonne carte de cocktails (le *cool lips* est aussi bon que beau à regarder) que l'on accompagne de tapas de saison. Le meilleur endroit l'été: le grand canapé blanc sur la mini-terrasse.

AU PIED DE LA VILLE HAUTE

***Plan Ville Haute et rive gauche** p. 18-19*

4 **La Tour du Molard** – **C6** - *2 pl. du Molard - 022 310 02 02 - 11h-0h.* Un endroit assez exceptionnel pour boire un verre: la tour de l'Horloge qui, depuis le 14e s., domine la place et l'ancien port du Molard. À chaque étage, une mini-salle de 2 tables maximum où l'on sirote des vins grands crus en se prenant pour un marchand du Moyen Âge.

RIVE GAUCHE ET LES EAUX-VIVES

***Plan Ville Haute et rive gauche** p. 18-19*

5 **Chez Manu** – **E6** - *21 r. des Eaux-Vives - 022 777 21 21 - ouv. mars-oct. - 11h30-19h.* C'est notre glacier préféré: pour la variété de ses parfums sans tomber dans l'originalité à tout prix, et le sourire de la personne qui vous la tend.

6 **L'Atelier Cocktail Club** – **E6** - *11 r. Henri-Blanvalet - 022 735 22 47 - tlj 17h-1h sf dim. et lun.* Tout le monde le dit, c'est le meilleur bar à cocktails

CAFE

D. Hyniewska / age fotostock

La Perle du Lac.

de Genève. Si vous ne trouvez pas votre bonheur dans la carte proposée, le barman se fera un plaisir de vous concocter une mixture rien que pour vous. Les prix sont très raisonnables. C'est donc très fréquenté.

7 **Bottle Brothers** – ***E6*** *- 12 r. Henri-Blanvalet - ✆ 022 772 30 32 - www.bottlebrothers.ch - tlj 17h-1h sf dim. et lun.* Un bar à cocktails créé par des passionnés constamment à la recherche de nouveaux mélanges. La signature de la maison est le Subtil Saint-Germain à base de gin et de liqueur de fleur de sureau entre autres ingrédients gardés secrets... En guise de tapas, de délicieux mini-burgers.

8 **Yvette de Marseille** – ***E6*** *- 13 r. Henri-Blanvalet - ✆ 022 735 15 55 - 17h30-1h (2h vend.-sam.).* On y vient pour ses cocktails (plutôt classiques : mojito et spritz) et pour la déco style récup années 1950 originale, la terrasse avec ses ampoules de toutes les couleurs un peu anachronique dans le quartier, et la musique.

PLAINPALAIS ET LE QUARTIER DES BAINS

Plan Ville Haute et rive gauche ***p. 18-19***

9 **Just Bubble** – *16 bd du Pont d'Arve - ✆ 022 436 80 73 - www.justbubble.ch - lun.-merc. 10h30-19h, jeu. 12h30-21h, vend. 11h-19h30. sam. 10h30-18h.* Un concept qui vient tout droit de Taïwan à tester absolument : une boisson chaude ou froide, au choix, à base de thé ou de

lait à laquelle on ajoute des billes de différentes saveurs que l'on aspire par une paille XXL. Très surprenant mais c'est bon et assez nourrissant.

(10) **Chocolaterie Micheli** – **C8** - *1 r. Micheli-du-Crest - ✆ 022 329 90 06 - www.poncioni-chocolatiers.ch - 8h30-18h30 (17h le sam.) - fermé dim.* Difficile de résister à la tentation d'entrer dans cette bonbonnière rose prendre un thé ou un chocolat chaud. Et, en souvenir, acheter quelques-uns des 50 chocolats différents fabriqués sur place, tous aussi fondants les uns que les autres.

LES PÂQUIS

(11) **La Vouivre** – **C3** - *21 r. des Pâquis - ✆ 022 731 87 12 - 7h-19h - fermé lun.* On se croirait à Vienne dans ce salon de thé au décor rococo : moulures, dorures, chandeliers, fauteuils confortables et, surtout, d'excellentes pâtisseries que l'on déguste ici depuis 50 ans.

(12) **Gelatomania** – **C3** - *25 r. des Pâquis - ✆ 022 741 41 44 - mars-oct. 11h30-19h.* L'attente est parfois un peu longue, mais elle en vaut la peine. Essayez la délicieuse glace ananas-basilic et bien sûr, l'incontournable glace au caramel salé.

(13) **Les Brasseurs** – **C3** - *20 pl. Cornavin - ✆ 022 731 02 06 - www.les-brasseurs.ch - 11h-1h.* Microbrasserie avec salle de brassage et cuves de fermentation. Si vous êtes plusieurs, demandez une colonne de bière (3 ou 5 l.).

(14) **Chez Henri** – **D3** - *37 r. Philippe-Plantamour - ✆ 022 310 00 44 - 17h-1h - fermé dim. et lun.* Pour aller Chez Henri, il faut aller à **The Hamburger Foundation** *(voir « se restaurer » p. 77)* et chercher une porte secrète avec l'indication « Chez Henri ». C'est là. Et surprise : un bar à huîtres ! Philippe, ostréiculteur de Carnac, vous proposera une belle variété d'huîtres, ainsi que du saumon et des sardines à déguster sur des tables hautes ou au comptoir.

QUARTIER DES NATIONS

Plan Quartier des Nations p. 52

(15) **La Perle du Lac** – *126 r. de Lausanne - ✆ 022 909 10 20 - www.laperledulac.ch - café : 9h-23h - restaurant : 12h-14h et 19h-21h - 65 CHF/75 CHF.* À mi-chemin entre le chalet traditionnel à devanture de bois et la maison de ville bourgeoise, La Perle du Lac est une halte délicieuse pour prendre un thé au bord du lac et goûter la spécialité de la maison, la tarte aux pommes, tout en contemplant le site extraordinaire de Genève.

CAROUGE

Plan de Carouge p. 60

(16) **Qu'importe** – *1 r. Ancienne - ✆ 022 342 15 25 - www.quimporte.ch - lun. 17h-23h, mar.-jeu. 11h-1h, vend. sam. 11h-2h - plat du jour à midi (25 CHF) et tapas le soir.* Ce bar à vins est idéal pour qui veut goûter une sélection des meilleurs crus de tous les horizons tout en profitant de l'ambiance de Carouge. Au coin du feu de cheminée quand il fait froid, ou sous les parasols l'été, le Qu'importe se distingue par sa convivialité.

Shopping

Dans les rues mentionnées ci-dessous, vous trouverez toutes sortes de commerces (bijouteries, maroquineries, chocolateries, etc.).

Rive droite : quai des Bergues, quai du Mont-Blanc, rue du Mont-Blanc.

Rive gauche : rue du Rhône, rue de la Confédération, rue du Marché, rue de la Croix-d'Or, rue de Rive, rue de la Madeleine, rue Neuve-du-Molard, rue de la Corraterie, rue du Commerce, place des Augustins, rue de Carouge, rue Prévost-Martin.

Repérez les adresses sur nos plans grâce aux pastilles numérotées (ex. 1). Les coordonnées en rouge (ex. C2) font référence au plan détachable (à l'intérieur de la couverture).

VILLE HAUTE

Plan Ville Haute et rive gauche p. 18-19

Articles pour l'écriture

1 **Caran d'Ache** – **C7** - *8 pl. du Bourg-du-Four - 022 310 90 00 - www.carandache.com - lun.-vend. - 11h-18h.* Rêver devant l'arc-en-ciel d'une boîte de Prismalo, sentir l'odeur de cèdre du bois de ses crayons, s'émerveiller de la métamorphose du trait en aquarelle et entrer dans l'univers de Caran d'Ache.

Décoration

2 **TIP'S** – **C6** - *19 Grand'rue - 022 810 40 00 - www.tips-geneve.ch - 10h-18h30 (17h30 le sam.).* Jolie boutique d'arts de la table résolument contemporaine. Très beaux objets design.

AU PIED DE LA VILLE HAUTE

Plan Ville Haute et rive gauche p. 18-19

Grands magasins

3 **Globus** – **C5** - *48 r. du Rhône - www.globus.ch - lun.-merc. 9h-19h, jeu. 9h-21h, vend. 9h-19h30, sam. 9h-18h.* Comparable aux Galeries Lafayette, Globus met l'accent essentiellement sur la mode et la parfumerie mais aussi sur les « delicatessa » dans un espace épicerie très raffiné (au sous-sol) qui donne envie de tout toucher, de tout manger.

4 **Bongenie** – **C6** - *34 r. du Marché - 022 818 11 11 - www.bongenie-grieder.ch - lun., mar., merc. et vend. 9h30-19h, jeu. 9h30-20h30, sam. 9h30-18h.* Sept niveaux (5 000 m²!) de marques de vêtements très hauts de gamme. Le grand luxe.

Chocolats

5 **Du Rhône Chocolatier** – **B5-6** - *3 r. de la Confédération - 022 311 56 14 - www.du-rhone.ch - lun.-vend. 7h30-18h30, sam. 8h30-17h.* Fondée en 1875, cette chocolaterie n'en finit pas de perfectionner ses recettes. Avec plus de 60 variétés de chocolat, les truffes au marc de champagne et les pavés de Genève sont les spécialités de la maison. À déguster en fermant les yeux.

Les Enfants Terribles.

Concept-store Les Enfants Terribles.

6 Pascal Pascoët – **C5** - *Passage des Lions - ✆ 022 810 07 15 - www.philippe-pascoet.ch - lun.-vend. 9h30-18h30, sam. 9h-18h30.* Ce maître chocolatier a reçu plusieurs prix pour ses ganaches et autres moelleux tout aussi délicieux les uns que les autres. À découvrir de toute urgence!

7 Läderach – **C6** - *5 r. du Marché - ✆ 022 310 76 33 - www.laederach.ch - 9h-19h (18h le sam.).* On est tout de suite attiré par les plaques de chocolat brut, déclinées en pas moins de 22 variétés différentes, qui font la spécialité de la maison. Le chocolat au piment rouge, amandes et citron à l'huile pimentée est une découverte. Une raison supplémentaire de craquer!

Cigares

8 Davidoff – **D6** - *2 r. de Rive - ✆ 022 310 90 41 - www.davidoff.com - 9h-18h30 (18h le sam.).* Référence absolue des amateurs de cigares, la maison Davidoff est encore et toujours synonyme d'excellence dans le monde.

Jouets

9 Franz Carl Weber – **CD6** - *12 r. de la Croix-d'Or - ✆ 022 310 42 55 - www.fcw.ch - lun.-sam. 9h30-19h.* Au centre du quartier commerçant de Genève, trois étages de jeux et jouets pour réaliser tous les rêves des enfants. Attention, les vôtres craqueront forcément. Tous les jouets sont garantis deux ans!

Idée souvenir : couteau suisse

« Plus qu'un couteau, un ami ! » Avec une telle devise, le couteau suisse peut espérer vivre encore longtemps... Cet emblème helvétique, « la plus petite boîte à outils du monde », se reconnaît à sa couleur rouge et à sa croix blanche, inscrite dans un carré aux côtés légèrement arrondis. Né à la fin du 19e s. pour équiper l'armée suisse et faciliter la survie des soldats en milieux extrêmes, le Schweizer Offiziersmesser (ou Swiss Army Knife) a connu très vite une célébrité mondiale. Il figure même dans les collections du musée d'Art moderne, à New York. Décliné en plus de 400 modèles, du plus petit au plus complet, à tous les prix (d'environ 10 CHF à plus de 200 CHF) ; il en existe même avec des incrustations de diamants ! Mais méfiez-vous des contrefaçons. Vous trouverez le vôtre chez ***Victorinox*** *(2 r. du Marché - tlj sf dim. 10h-19h, 18h le sam.).*

Papeterie

10 Ordning & Reda - **D6** - *20 r. de Rive - ✆ 022 810 10 20 - www.ordningreda.com - 9h30-19h (20h le jeu., 18h le sam.).* Pour se donner envie de retourner travailler. Très grand choix de papeterie et d'accessoires au design scandinave sobre et coloré.

Artisanat

11 Marché des artisans de la Place de la Fusterie - **C5-6** - *Bus 2, 3, 5, 7, 10 et Tram 12 et 14 (arrêt Bel-Air).* Le petit marché des artisans de la place de la Fusterie est un prétexte très agréable pour se balader tout en découvrant les créations des artisans du canton *(jeu. 9h-20h)*. Les mardis et vendredis se tient le marché aux livres *(8h-18h45)*. Pendant les deux semaines précédant Noël se tient ici un très joli marché.

RIVE GAUCHE ET LES EAUX-VIVES

Plan Ville Haute et rive gauche ***p. 18-19***

Mode

12 Histoires de Mode - **E6** - *12 r. des Eaux-Vives - ✆ 022 700 85 28 - 11h-19h (18h le sam.) - fermé lun.* Une adresse hautement recommandable. Dans cette toute petite boutique, vous trouverez un très bon choix de vêtements pour femme, beaucoup de goût, un accueil chaleureux sans être pesant, et des prix abordables.

PLAINPALAIS ET LE QUARTIER DES BAINS

Plan Ville Haute et rive gauche ***p. 18-19***

Décoration

13 Philippe Cramer - **B7** - *8 r. de la Muse - www.philippecramershop.com - 9h30-18h30 - fermé w.-end.* Boutique-galerie d'art contemporain où vous pourrez acheter des meubles et objets créés par Philippe Cramer, l'un des noms les plus importants du design et de la création à Genève.

14 Les Enfants Terribles - *24 r. Prévost-Martin - ✆ 022 321 85 10 - www.les-enfants-terribles.ch - mar.-vend. 9h-21h, sam. 10h-18h.* Ce concept-store genevois est dans l'air du temps. À la fois cave, boutique déco-design et bar, cette ancienne carrosserie propose une sélection pointue de meubles, mobilier, vaisselle et objets de décoration.

15 **Tokyonama** – *75 r. de Carouge - 022 321 88 89 - www.tokyonama.com - 12h-19h (sam. 18h) - fermé lun.-mar. et dim.* Boutique japonaise d'ustensiles de cuisine, objets de décoration, tissus, T-shirts, jouets et sacs en provenance du Japon. Toute une série de gadgets que vous trouverez vite indispensables.

Brocante

16 **Marché aux puces de la Plaine de Plainpalais** – ***B7*** *- Bd Georges-Favon et av. Henri-Dunant - Tram 1, 12 et 15 (arrêt Plainpalais) - merc.-sam. et chaque 1er dim. du mois - 6h30-17h30 (18h30 l'été).* L'un des plus grands marchés aux puces de la Suisse, où vous pourrez dénicher toutes sortes d'objets usagés, parfois anciens, parfois curieux, jamais très chers.

LES PÂQUIS

Grand magasin

17 **Manor** – ***B5*** *- 6 r. de Cornavin - 022 909 46 99 - www.manor.ch - lun.-merc. 9h-19h, jeu. 9h-21h, vend. 9h-19h30, sam. 8h30-18h.* Ce grand magasin, une institution à Genève, offre la plus grande surface de vente de chocolats de Suisse.

Chaussures

18 **L'Empreinte** – ***C5*** *- 1 r. Rousseau - 022 311 17 00 - www.lempreinte-chaussureseco.ch - lun. 12h-19h, mar.-vend. 10h-19h, sam. 9h-13h.* Dans un décor sobre, des modèles de Birkenstock ou Think, réactualisés et répondant à des critères de fabrication éthiques et écologiques.

Montres

19 **Swatch Store** – ***B4*** *- 19 r. du Mont-Blanc - 022 900 22 10 - www.swatch.ch - lun.-vend. 9h-19h (18h le sam.).* Impossible d'être à Genève et de ne pas entrer dans le Swatch Store découvrir la dernière collection d'une marque qui n'a pas perdu un poil de créativité au fil des années.

Souvenirs

20 **Alptitude** – ***C4*** *- 9 r. des Alpes - 022 732 16 26 - www.alptitude-ge.ch - 10h-12h30 et 13h30-19h - fermé jeu. et dim. en hiver.* Une bonne boutique de souvenirs où vous trouverez des objets de qualité.

CAROUGE

Plan de Carouge ***p. 60***

Accès par le Tram 12 ou 18 (arrêt Marché).

Cadeaux

21 **Fine & More** – *15 pl. du Marché - 022 300 58 68 - www.fineandmore.ch - mar.-vend. 10h-18h30, sam. 9h30-17h.* Une idée originale pour un cadeau. On choisit sa bouteille que l'on fait remplir d'huile, de vinaigre, de liqueur ou d'eau-de-vie (le choix est vaste) et personnaliser à la main

Sortir

Genève ne compte pas moins d'une cinquantaine de salles de spectacle, dont voici une petite sélection. Toutes les informations sur les événements culturels à Genève se trouvent sur www.leprogramme.ch. Pour le cinéma, le meilleur site est www.geneve.cine.ch.

Repérez les adresses sur nos plans grâce aux pastilles numérotées (ex. 1). Les coordonnées en rouge (ex. C2) font référence au plan détachable (à l'intérieur de la couverture).

VILLE HAUTE

Plan Ville Haute et rive gauche p. 18-19

Théâtre

1 **Le Poche** – **C6** - *7 r. du Cheval-Blanc - ✆ 022 310 37 59 - www.lepoche.ch.* Petite salle dans la Ville Haute offrant un rapport privilégié scène-public. Dans ce lieu de découverte, d'essais et de création, il s'agit la plupart du temps d'œuvres jamais représentées auparavant, avec ce que cela comporte de risques mais, le plus souvent, de très bonnes surprises pour le spectateur!

AU PIED DE LA VILLE HAUTE

Plan Ville Haute et rive gauche p. 18-19

Théâtre

2 **Comédie de Genève** – **BC8** - *6 bd des Philosophes - ✆ 022 320 50 01 - www.comedie.ch.* Créations originales et engagées, pièces classiques et modernes dans la jolie salle à l'italienne de ce théâtre édifié au début du 20ᵉ s.

Salle de concerts

3 **Victoria Hall** – **B6** - *14 r. du Général-Dufour - ✆ 022 418 35 00 - www.ville-ge.ch/culture/victoria_hall.* Cette salle magnifique au décor néobaroque a plus d'un siècle d'existence *(voir « Visiter » p. 26).* Comme la plupart des salles de concerts européennes construites à la fin du 19ᵉ s., elle abrite un orgue monumental, aussi célèbre que celui du Royal Albert Hall de Londres ou de la salle du Trocadéro à Paris. Principalement dédié à la musique classique, le Victoria Hall accueille aussi de grands noms du jazz.

Club

4 **B Club - Le Baroque** – **C5** - *12 pl. de la Fusterie - ✆ 022 849 86 86 - www.lebaroque.com - jeu.-dim. 0h-5h (4h jeu.).* Soirées à thème dans un décor où prédominent les moulures dorées et le velours rose capitonné.

RIVE GAUCHE ET LES EAUX-VIVES

Hammam & Spa

5 **Bain-Bleu Hammam & Spa** – **H3** - *3 quai de Cologny - ✆ 022 318 48 28 - www.bain-bleu.ch - 9h-21h30 - mar. réservé aux femmes - 28 CHF/58 CHF.* Un espace à l'architecture très design où tout est pensé pour votre détente :

VICTORIA HALL

on descend doucement dans la pénombre vers des bassins d'eau à différentes températures, des bains à remous, des bulles, des jets massants, des bains de vapeur et des salons de relaxation où vous boirez un thé en vous sentant sur un petit nuage. Également, massages, gommages et tous les rituels du hammam. Calme, luxe et volupté au bord du lac.

***Plan Ville Haute et rive gauche* p. 18-19**

Cinéma

6 **Cinéma Les Scala** – **E5-6** - *23 r. des Eaux-Vives - ✆ 022 736 04 22 - www.les-scala.ch.* Trois salles de cinéma indépendant avec une bonne programmation loin des circuits commerciaux. Une fois par mois, transmission en direct depuis le Royal Opera House de Covent Garden à Londres !

PLAINPALAIS ET LE QUARTIER DES BAINS

***Plan Ville Haute et rive gauche* p. 18-19**

Centres culturels

7 **L'Usine** – **A6** - *4 pl. des Volontaires - ✆ 022 781 34 90 - www.usine.ch.* Installée dans l'ancienne usine genevoise de dégrossissage d'or, l'Usine est un centre culturel autogéré qui abrite différentes salles de théâtre, concerts, galeries, discothèques et même un salon de coiffure. Dans ce lieu de vie mythique, vous aurez un très bon aperçu de la culture alternative genevoise. Les spectacles sont en général de très bon niveau et les prix abordables. Réservations sur www.usine.ch et sur www.leprogramme.ch.

8 **Le BFM** – **A5** - *2 pl. des Volontaires - ✆ 022 322 12 20 - www.bfm.ch.* À l'origine, cet étonnant bâtiment posé au milieu du Rhône abritait une usine destinée à alimenter la ville de Genève avec les eaux du fleuve. Cent ans après, en 1989, le BFM s'est reconverti en salle de concerts à l'acoustique excellente.
Très belle programmation incluant concerts, opéras, danse classique et contemporaine et théâtre. Réservations sur le site Internet.

LES PÂQUIS

Hammam & Spa

9 **Bains des Pâquis** – **D3** - *30 quai du Mont-Blanc - ✆ 022 732 29 74 - www.bainsdespaquis.ch - mi-sept.-déb. mai - tlj 9h-21h30 sf dim. - mar. réservé aux femmes - 20 CHF.* Baignade, sauna, bain turc, hammam, buvette, massages, tai chi, les activités ne manquent pas aux Bains des Pâquis. De mi-juillet à fin août, durant le festival des Aubes Musicales *(voir « Agenda culturel » p. 116)*, vous viendrez écouter de la musique classique, du jazz ou de la musique du monde, en regardant le soleil se lever sur le lac Léman. Magique.

Club

10 **Java Club** – **D3-4** - *19 quai du Mont-Blanc - Grand hôtel Kempinski - ✆ 022 908 90 88 - www.javaclub.ch - mar.-sam. 23h-5h.* Le dancefloor le plus *trendy* de Genève accueille une clientèle très sélect dans un décor

luxueux. Musique R&B et house. Vous risquez d'y voir des *people* !

QUARTIER DES NATIONS

Plan Quartier des Nations p. 52

Opéra

11 **Opéra des Nations** – *40 av. de France - BUS 8, 9 et Tram 15 (arrêt Nations) - 022 322 50 50 - www.geneveopera.com.* Bel exemple d'architecture modulable et adaptable, l'Opéra des Nations s'est construit en un temps record pour accueillir le Grand Théâtre de Genève jusqu'à fin 2018, le temps pour le palais du 18e s. de la place de Neuve de se refaire une beauté. Il s'agit à l'origine du théâtre éphémère de la Comédie-Française, théâtre démontable que la troupe a utilisé pendant les travaux de sa salle de spectacle. À deux pas du Haut-Commissariat des Nations Unies, cette structure permet d'accueillir 1064 personnes et de continuer à offrir une programmation de très haut niveau. L'achats de billets peut se faire à la maison des arts de Grütli *(16 r. du Gén. Dufour dans le centre-ville)* ou directement à l'Opéra des Nations ou en ligne sur www.geneveopera.com.

Casino

12 **Casino du Lac** – *20 rte de Pré-Bois, hôtel Mövenpick (près de l'aéroport) - 022 592 00 00 - www.casino-de-geneve.com - lun.-jeu. 9h-8h, ven.-sam., dim. 9h-8h30 - jeux traditionnels : 16h-5h - BUS 23,28,57, Y (arrêt Grand Hangar).* L'établissement compte 195 machines à sous et 16 tables de jeux traditionnels.

Salle de concerts

13 **Arena de Genève** – *3 rte des Batailleux (près de l'aéroport) - 022 710 90 90 - www.geneva-arena.ch - BUS 5 et 28 vous déposent aux portes d'entrée de la salle de spectacle (arrêt Arena-Halle 7). Les BUS 10 et 23 s'arrêtent devant l'aéroport, à une centaine de mètres de l'Arena.* Pouvant accueillir 9 500 personnes, c'est le Bercy de Genève, là où ont lieu les grands concerts rock et les plus importants événements sportifs. Pas de billetterie sur place ni sur leur site. Achat de billets sur www.fnacspectacles.com, dans tous les magasins FNAC en Suisse et en France, et dans les points de vente Ticketcorner de Globus, Manor...

CAROUGE

Plan de Carouge p. 60

Accès par le Tram 12 ou 18 (arrêt Marché).

Théâtre

14 **Théâtre de Carouge-Atelier de Genève** – *39 r. Ancienne - 022 343 25 55 - www.tcag.ch.* Deux salles situées à quelques numéros l'une de l'autre de la rue Ancienne (n° 39 et n° 57) proposent un répertoire classique et populaire revisité avec beaucoup de succès par le jeune metteur en scène Jean Liermier. Une institution à Carouge mais aussi dans le panorama culturel genevois. Réservations sur www.tcag.ch.

Se loger

Ville de congrès et de conférences internationales, Genève dispose d'un réseau d'hôtels d'excellente qualité (calme et tranquillité assurés la nuit) mais assez chers. Les prix affichés ont tendance à varier de façon significative (parfois du simple au double) en fonction du calendrier. Nous avons indiqué la fourchette de prix la plus représentative de chaque établissement, mais il est vivement conseillé de se renseigner à l'avance sur les prix appliqués aux dates choisies. Heureusement, les établissements pratiquent de plus en plus de rabais le week-end, et certains baissent leur prix en été, considéré à Genève comme la basse saison. Quand les petits-déjeuners ne sont pas inclus dans le prix de la chambre, ils sont assez chers (entre 20 et 30 CHF). Dans ce cas, le café du coin peut être une bonne option. Très peu d'hôtels ont leur propre parking.

Repérez les adresses sur le plan détachable (à l'intérieur de la couverture) grâce aux pastilles numérotées (ex. 1). Les coordonnées en rouge (ex. D2) font référence à ce même plan.

VILLE HAUTE

De 130 à 230 CHF

1 **Bel'Espérance** – **D6** - *1 r. de la Vallée - ✆ 022 818 37 37 - www.hotel-bel-esperance.ch - fermé 25-29 déc. - 39 ch. - 170/200 CHF* ☕. Hôtel ouvert depuis 1996 dans un bâtiment entièrement rénové, tout près des rives du lac et de la Ville Haute. Généreux buffet au petit-déjeuner. Chambres spéciales pour familles *(250 CHF pour 2 adultes et 2 enfants)*.

Plus de 350 CHF

2 **Les Armures** – **C6** - *1 r. du Puits-St-Pierre - ✆ 022 310 91 72 - www.hotel-les-armures.ch - 32 ch. - 430/675 CHF - ☕ 35 CHF.* Hôtel de charme, au décor 17e s. raffiné, au pied de la cathédrale St-Pierre.

AU PIED DE LA VILLE HAUTE

De 130 à 230 CHF

3 **Hôtel Central** – **C6** - *2 r. de la Rôtisserie - ✆ 022 818 81 00 - www.hotelcentral.ch - 26 ch. - 105/175 CHF* ☕. L'hôtel Central occupe les 3 étages supérieurs d'un immeuble situé au pied de la Ville Haute au centre du quartier commerçant de Genève. À cet emplacement remarquable, il faut ajouter des chambres correctes (petit-déjeuner offert servi en chambre) et un avantage non négligeable à Genève : les prix sont fixes.

Plus de 350 CHF

4 **Hôtel Longemalle** – **D6** - *13 pl. de Longemalle - ✆ 022 818 62 62 - www.hotellongemalle.ch - 58 ch. - 200/480 CHF* ☕. Derrière la façade Belle Époque qui attire tous les regards de la place de Longemalle, se cache un hôtel aux allures de

> **Transports gratuits**
> *Quelle que soit la solution d'hébergement que vous aurez choisie (hôtel, auberge de jeunesse, bed and breakfast ou camping du canton), demandez la* **Geneva Transport Card** *qui vous permet d'utiliser pendant toute la durée de votre séjour la totalité du réseau de transports publics de Genève et ses environs.*

palace au prix d'un 3 étoiles : lustres hollandais, hauts plafonds, immenses miroirs, comptoir d'accueil très « grand hôtel ». Le service n'est pas en reste. S'il fait beau, demandez que votre petit-dejeuner soit servi sur le balcon.

Plus de 350 CHF

5 **La Cigogne** – **D6** - *17 pl. de Longemalle - ✆ 022 818 40 40 - www.cigogne.ch - 52 ch. - 485/620 CHF ☕.* Le voisin du Longemalle est un hôtel de luxe affilié à la chaîne Relais & Châteaux. Les chambres et suites sont toutes personnalisées et décorées avec du beau mobilier ancien.

PLAINPALAIS ET LE QUARTIER DES BAINS

Plan Ville Haute et rive gauche p. 18-19

De 230 à 350 CHF

6 **La Cour des Augustins** – *15 r. Jean-Violette - ✆ 022 322 21 00 - www.lacourdesaugustins.com - 40 ch. - 220/240 CHF le w.-end - ☕ 10/24 CHF.* Situé dans le quartier branché de Painpalais, cet hôtel à l'architecture classique prend un air design avec ses intérieurs très contemporains et sa collection d'art africain. Les chambres et les suites allient confort, espace et modernité.

7 **Hôtel Tiffany** – **B6** - *20 r. de l'Arquebuse - ✆ 022 708 16 16 - www.tiffanyhotel.ch - 64 ch. - 200/300 CHF - ☕ 12/29 CHF.* Style Art Nouveau revisité pour cet hôtel situé tout près du quartier des Bains. Très confortable, service impeccable.

LES PÂQUIS

Moins de 130 CHF

8 **YH Geneva Hostel** – **CD2** - *30 r. Rothschild - de la gare, Tram 15 (arrêt Butini) ou 15mn à pied - ✆ 022 732 62 60 - www.yh-geneva.ch - 334 lits - ch. double 110 CHF ☕ ; dortoir 36 CHF/pers. ☕.* Entièrement renovée, cette auberge de jeunesse est l'adresse parfaite pour les petits budgets, avec ses espaces communs refaits à neuf et sa situation géographique idéale. Tarif réduit pour les membres du réseau YH.

9 **City Hostel Geneva** – **C2** - *2 r. Ferrier - ✆ 022 901 15 00 - www.cityhostel.ch - réserv. uniquement sur Internet, avec carte de crédit - ch. double 85/95 CHF ☕ ; ch. simple 65/73 CHF ☕ ; ch. à 3 ou 4 lits 31/35 CHF/pers. ☕.* Cette sorte d'auberge de jeunesse est située à 5mn à pied de la gare Cornavin. Adresse intéressante pour les petits budgets. Les chambres sont petites, mais très propres. Chacune est équipée d'un lavabo. Douches et toilettes à l'étage non privatives. Possibilité d'utiliser la cuisine.

Hôtel Edelweiss Manotel

Hôtel Edelweiss.

De 130 à 230 CHF

⑩ **Hôtel Edelweiss** – ***D3*** - *2 pl. de la Navigation - 022 544 51 51 - www.hoteledelweissgeneva.com - 42 ch. - 160/400 CHF - 8/18 CHF.* Ambiance suississime en plein centre des Pâquis. Tout y est : le bois sur les murs, les feux de cheminées, les cœurs sur les lampes, et même du yodl joué par des musiciens en costume traditionnel durant votre dîner. Le restaurant n'ouvre que le soir *(fermé dim.)* et sa spécialité, vous l'aurez deviné, est la fondue. Depuis les chambres, vue sur la place de la Navigation avec, au fond, les montagnes du Jura.

⑪ **Hotel de Genève** – ***B5*** - *1 r. Isaac-Mercier - 022 908 54 00 - www.hotel-de-geneve.ch - 39 ch. - 120/160 CHF.* Hôtel familial non loin du Rhône, à la décoration rustico-montagnarde. Bon accueil, chambres correctes et petit-déjeuner copieux. Un bon rapport qualité/prix.

⑫ **Les Tourelles** – ***B5*** - *2 bd James-Fazy - 022 732 44 23 - www.destourelles.ch - 23 ch. - 170/190 CHF.* Une bonne solution d'hébergement à prix raisonnable compte tenu de la situation de l'hôtel, au bord du Rhône et à 2mn du centre-ville. Chambres claires et rénovées régulièrement. Demandez une chambre avec vue sur le fleuve.

⑬ **Ibis** – ***AB4*** - *10 r. Voltaire - 022 338 20 20 - www.ibishotels.com - 64 ch. - 152/200 CHF.* À mi-chemin de la gare et des quais du Rhône, hôtel typique de la chaîne Ibis, rafraîchi et doté de chambres fonctionnelles.

14 **Ibis Styles Genève Gare** – **B4** - *8 pl. Cornavin - ✆ 022 906 47 00 - www.ibisstyles.com - 52 ch. - 165/300 CHF* ☕. Cet hôtel, situé en face de la gare, abrite des chambres modernes et spacieuses, très bien insonorisées. Le hall d'accueil aux larges baies vitrées est très accueillant.

15 **Best Western Strasbourg & Univers** – **C4** - *10 r. Pradier - ✆ 022 906 58 00 - www.hotelstrasbourg.ch* - P - *51 ch. - 190/270 CHF* ☕. À deux pas de la gare et du parking Cornavin. Chambres peu spacieuses mais fonctionnelles.

Plus de 350 CHF

16 **Cornavin** – **B4** - *Gare Cornavin, 23 bd James-Fazy - ✆ 022 716 12 12 - www.fassbindhotels.com - 164 ch. 250/465 CHF - ☕ 19 CHF.* C'est l'hôtel où descend le professeur Tournesol (toujours dans la chambre 122) et il a bon goût ! Les chambres sont modernes, lumineuses, meublées de fauteuils Le Corbusier. Petit-déjeuner servi dans la salle panoramique du 8e étage, avec vue sur le Jet d'eau et le lac Léman.

17 **Hôtel Auteuil** – **C3** - *33 r. de Lausanne - ✆ 022 544 22 22 - www.manotel.com - 104 ch. - 320/550 CHF le w.-end - ☕ 28 CHF.* L'un des 6 établissements de la chaîne Manotel à Genève, qui ont chacun un style très différent (suisse, feng shui, colonial…). À l'hôtel Auteuil, les chambres sont design et confortables ; beau mobilier en bois sombre.

QUARTIER DES NATIONS

De 130 à 230 CHF

Plan Quartier des Nations ***p. 52***

18 **Les Nations** – *62 r. du Grand-Pré - ✆ 022 748 08 08 - www.fassbindhotels.ch* - P - *71 ch. - 120/250 CHF - ☕ 15 CHF.* Sur l'avant, une façade sans attrait ; sur l'arrière, toute une fresque représentant un alpage et des vaches… cubistes ! Une vraie curiosité pour cet hôtel somme toute assez classique, qui se distingue par la qualité de son accueil.

19 **Lake Geneva Hotel** – *77 rte de Suisse - Versoix - ✆ 022 907 81 11 - www. lakegenevahotel.ch - 102 ch. 140/325 CHF - ☕ 10/24 CHF.* Ouvert en 2014, cet hôtel est idéalement placé, face au lac et à 10mn en train du centre de Genève. Les chambres supérieures, modernes et design, bénéficient d'une belle vue sur le lac. Un restaurant est à la disposition des clients et sert une cuisine méditerranéenne.

CAROUGE

Plan de Carouge ***p. 60***

20 **Auberge Communale de Carouge** – *39 r. Ancienne - Tram 12, 14 ou 18 (arrêt Ancienne) - ✆ 022 338 07 10 - www.hotelcarouge.ch - 13 ch. - 140/160 CHF* ☕. Une très bonne solution d'hébergement. Ambiance maison confortable, chambres toutes différentes et joliment décorées, un bon restaurant sur place, et l'été, l'animation de Carouge.

SAVOIE

Genève pratique

Préparez votre voyage

Formalités d'entrée, Venir en voiture, en autocar, en train **100**

Venir en avion, Argent, Budget **101**

Climat, Pour en savoir plus, Santé **102**

Votre séjour de A à Z

Achats, Activités sportives **104**

Consulats, Décalage horaire, Électricité, Hébergement **105**

Horaires, Internet, Jours fériés, Location de voitures **106**

Marchés, Médias, Musées, Offices de tourisme **107**

Pass touristique, Personnes handicapées, Poste, Restauration **108**

Souvenirs, Stationnement **109**

Tabac, Taxi, Téléphone, Transports en commun **110**

Transports régionaux **112**

Vélo, Visites guidées **114**

Agenda culturel

Rendez-vous annuels **116**

Bateau de croisière à vapeur sur le lac Léman.

Ph. Roy / hemis.fr

Préparez votre voyage

FORMALITÉS D'ENTRÉE

Pièce d'identité obligatoire – Depuis 2008, la Suisse fait partie de l'espace Schengen. En conséquence les ressortissants français, belges et luxembourgeois n'ont pas besoin de visa pour entrer en Suisse, mais doivent être en possession d'une carte d'identité ou d'un passeport en cours de validité.

Douanes – La Suisse n'étant pas membre de l'Union européenne, l'importation et l'exportation de marchandises sont soumises à des conditions plus restrictives : se renseigner auprès de l'office national de tourisme (*p. 107*).

VENIR EN VOITURE

Dans des conditions normales de circulation, comptez 5h30 de trajet depuis Paris (accès par l'A 6 puis l'A 40), 2h depuis Lyon et 5h depuis Marseille.

Vignette autoroutière – En vente *(40 CHF)* dans les postes-frontières et sur www.automobile-club.org. Obligatoire sur les autoroutes et semi-autoroutes suisses. Elle doit être collée sur la face intérieure du pare-brise.

Circulation – www.infotrafic.com.

Informations autoroutières – www.autoroutes.fr.

Calcul d'itinéraires – www.viamichelin.com.

Cartes Michelin – Régional 551 (Suisse Nord), 552 (Suisse Sud-Ouest) et 553 (Suisse Sud-Est) ; National 729.

VENIR EN AUTOCAR

Arrivée à la **gare routière de Genève** – Place Dorcière (à deux pas du square du Mont-Blanc).

Infos et réservations – 22 732 02 30 ou 0900 320 230 (1,50 CHF/mn depuis la Suisse) - www.gare-routiere.ch.

Plusieurs compagnies de bus proposent des trajets jusqu'à Genève.

Eurolines – 0892 89 90 91 - www.eurolines.fr. Assure des liaisons régulières depuis Bordeaux, Grenoble, Lille, Lyon et Paris.

Flixbus – 01 76 36 04 12 - www.flixbus.fr. Propose des liaisons à partir de Dijon, Le Havre, Lyon, Paris, Rouen et Strasbourg.

Ouibus - 0892 68 00 68 (0,34 €/mn) - www.ouibus.com. 1 départ tous les soirs de Paris.

VENIR EN TRAIN

De Paris

De nombreuses liaisons quotidiennes directes avec les **TGV Lyria** en environ 3h. Arrivée à la **gare Cornavin** – Pl. Cornavin - 0900 300 300 - www.cff.ch.

Infos et réservations – 36 35 (0,34 €/mn) - www.voyages-sncf.com.

Au départ de la province

Des **TGV Lyria** au départ de Lyon-Part-Dieu (2h), Bourg-en-Bresse (1h30), Marseille (3h30), Nice (6h20).
Des **TER directs** – et souvent moitié prix comparés au TGV – au départ de Lyon-Part-Dieu (2h aussi), Annecy, Aix-les-Bains, Chambéry, Grenoble et Valence.
Infos et réservations – 36 35 (0,34 €/mn) - www.ter-sncf.com.

VENIR EN AVION

L'**aéroport international de Genève** est le deuxième aéroport suisse après celui de Zurich. Il a la particularité d'avoir un secteur France, ce qui permet de se rendre à Genève depuis la France en prenant un vol domestique.
« Arriver à Genève » p. 5 pour les liaisons vers le centre-ville.

Les compagnies régulières

À partir de Paris, le vol dure en moyenne 1h10.
Air France – 36 54 (0,34 €/mn) - www.airfrance.fr.
Swiss International Airlines – Depuis la France 08 92 23 25 01 (0,34 €/mn) - www.swiss.com.
Brussels Airlines – 0 892 640 030 (de la France, 0,337 €/mn), 0 902 516 00 (de la Belgique, 0,75 €/mn) - www.brusselsairlines.com. Vols depuis Bruxelles, mais aussi Bordeaux, Marseille, Nice, Paris, Strasbourg ou Toulouse.

Les compagnies « low cost »

Darwin Airline – www.etihadregional.com. Liaisons avec Biarritz.
EasyJet – www.easyjet.com. Liaisons avec Ajaccio, Bordeaux, La Rochelle, Nantes, Nice, Paris, Toulouse et Bruxelles. Et dès juin 2016 : Bastia et Figari.

ARGENT

Monnaie – Franc suisse (CHF).
Taux de change – 1 CHF = 0,90 € et 1 € = 1,10 CHF. Les euros sont acceptés pratiquement partout. Mais à l'exception des distributeurs de billets de transports en commun, les commerçants n'acceptent que les billets, la monnaie vous sera rendue en CHF et souvent le taux de change appliqué sera 1 CHF = 1 €.
Banques – Ouvertes de 8h à 16h30, fermées le week-end.
Change – Dans les aéroports et les principales gares, ainsi que certains grands magasins et hôtels. Les banques suisses offrent les meilleurs taux de change pour l'argent liquide mais n'acceptent que les billets de banque.

BUDGET

La forte appréciation du franc suisse par rapport à l'euro ainsi que la hausse des salaires et des prix en Suisse ont largement affecté le pouvoir d'achat des voyageurs de l'Union européenne. Le coût de la vie à Genève est nettement plus élevé que dans les autres capitales européennes. Pas de panique, il est néanmoins possible de s'en sortir pour moins cher. Pour économiser sur le prix de l'hôtel, réservez assez tôt *(voir rubrique « Se loger » dans « Nos adresses »)*. Pour un menu complet et correct, comptez 35 CHF mini. Les musées et les transports, eux aussi, sont chers mais le **Geneva Pass** *(voir rubrique « Pass touristique » p. 108)* offre un accès illimité aux transports ainsi que l'accès gratuit à la plupart des musées de Genève.

CLIMAT

Genève bénéficie dans son ensemble d'un climat de type semi-continental (hivers froids, étés chauds) tempéré par la présence du lac Léman qui provoque parfois la formation d'un nuage de brume grise qui recouvre la ville pendant quelques heures.

Saisons

L'**été** est plutôt chaud, il n'est pas rare que l'on atteigne 25 à 28° C. Le **printemps** et l'**automne** affichent généralement entre 8 et 15 °C. L'**hiver**, en revanche, peut être assez froid. Les températures s'échelonnent de -2 à 7 °C, et lorsque souffle la fameuse bise du nord-est, il fait très froid et il arrive même de voir de jolies formations glacées apparaître sur les bancs et les lampadaires le long du lac Léman.

Le bon moment pour partir

Les moments les plus agréables pour un séjour à Genève sont les dernières semaines de printemps et les mois d'été, au moment où la ville est particulièrement fleurie et que l'on peut le plus profiter de toutes les activités autour du lac, d'autant que l'été est considéré comme une basse saison par les hôteliers.

POUR EN SAVOIR PLUS

Ambassades

En France – 142 r. de Grenelle - 75007 Paris - ✆ 01 49 55 67 00 - www.eda.admin.ch/paris - lun.-vend. 9h-12h.

En Belgique – R. de la Loi 26 - boîte 9 - 1040 Bruxelles- ✆ 02 285 43 50 - www.eda.admin.ch/bruxelles.

Au Luxembourg – Forum Royal, 25A, bd Royal, L-2449 Luxembourg - ✆ 352 22 74 741 - www.eda.admin.ch/luxembourg.

Centre culturel

Centre culturel suisse de Paris – 32-38 r. des Francs-Bourgeois - 75003 Paris - ✆ 01 42 71 44 50 - www.ccsparis.com. Expositions et spectacles. Bibliothèque et vidéothèque.

Sites Internet

www.geneve-tourisme.ch – Site attractif et très complet de Genève Tourisme. Propositions d'activités, d'itinéraires et de séjours.

www.ville-geneve.ch - Site officiel de la ville de Genève.

SANTÉ

Au moins deux semaines avant le départ, pensez à demander, auprès de votre caisse d'assurance maladie ou en ligne sur www.ameli.fr, une **carte européenne d'assurance maladie**. Elle vous sera adressée par courrier dans les jours qui suivent. En Suisse, les frais médicaux doivent être réglés sur place. Conservez les factures pour les envoyer à la Sécurité sociale au retour.

Votre séjour de A à Z

ACHATS

TVA – La TVA de 8 % est comprise dans le prix de vente. Les étrangers qui effectuent des achats d'une valeur égale ou supérieure à 300 CHF dans les lieux affichant « Tax Free » peuvent obtenir le remboursement de la TVA. Demandez le formulaire à remplir au magasin qui doit ensuite être tamponné par les agents de la douane suisse; remboursement ensuite auprès de 600 bureaux **Cash Refund** dans le monde entier *(www.globalrefund.com).*

ACTIVITÉS SPORTIVES

Location de bateaux à voile, à moteur, kayaks et pédalos

Les Corsaires – 33 quai Gustave-Ador - ✆ 022 735 43 00 - www.lescorsaires.ch - mars-sept. Également cours de voile.

Parapente

Depuis le Mont-Salève, plusieurs écoles de parapente proposent des baptêmes ou vols adaptés à votre niveau afin de survoler Genève.
Salève airlines – ✆ 04 50 39 71 59 - www.saleveairlines.com.
Paradelta – ✆ 022 784 38 08 - www.paradelta.ch.

Rafting

Rafting.ch – 8 quai des Vernets - ✆ 079 301 41 40 - www.rafting.ch - 75 CHF/50 CHF.
Rafting-Loisirs – 4 rte du Pas de l'Échelle - Veyrier - ✆ 022 784 02 05 - www.rafting-loisirs.ch - déb. avr.-fin oct. - réserv. obligatoire sur le site ou par téléphone. Descente de l'Arve avec fondue à l'arrivée *(85 CH).*

Ski nautique

SNCG – La Perle du Lac - ✆ 078 603 35 13 - www.sncg.ch - mai-août 7h-20h sauf en cas de bise ou de pluie. Ski nautique, wakeboard, wakesurf, wakeskate et stand up paddle. Réserv. obligatoire pour session avant 9h.

Pas de panique !

Police-secours : ✆ 117.
Pompiers : ✆ 118.
Médecin d'urgence et ambulance : ✆ 144.
Pharmacies de garde : ✆ 1811.
Poste de police des Pâquis : 6 r. de Berne - ✆ 022 427 98 00.
Secours routier 24h/24 : 140.
Perte ou vol de carte de crédit :
Réseau Visa (Visa classiques) – ✆ 0 800 894 732.
Réseau Mastercard (Mastercard classiques) – ✆ 0 800 897 092.
American Express – ✆ 01 47 77 72 00 (appel en France 24h/24, 7 j/7).
Objets trouvés : ✆ 022 546 09 00 - 5 r. des Glacis-de-Rive - lun.-vend. 7h30-18h - www.geneve.ch/objets_trouves.

Windsurf

Tropical Corner – 5 quai de Cologny - ✆ 022 786 16 79 - www.trop.ch - mi-mai-fin sept. - 12h (9h30 le week-end)-22h30. Location et cours de windsurf et stand up paddle.

CONSULATS

Consulat général de France – 11 r. Jacques-Imbert-Galloix - 1205 Genève - ✆ 022 319 00 00 - www.consulfrance-geneve.org.
Consulat général de Belgique – r. de Moillebeau 58 - 1209 Genève - ✆ 022 730 40 00.
Consulat général du Luxembourg – 15 ch. de la Rochette (4e étage) - 1202 Genève - ✆ 022 919 19 29.

DÉCALAGE HORAIRE

GMT + 1. Pas de décalage horaire entre la Suisse, la France, la Belgique et le Luxembourg. La Confédération applique l'heure d'été et l'heure d'hiver, aux mêmes dates.

ÉLECTRICITÉ

À Genève le courant est du 230 volts AC, 50 Hz. On trouve deux types de prise électrique : le C (à 2 trous) et le J (à trois trous). Un adaptateur peut donc être nécessaire, que vous pourrez acheter sur place.

HÉBERGEMENT

« Se loger » p. 94.
La ville de Genève accueille toute l'année une clientèle nombreuse qui vient des quatre coins du monde travailler auprès des différentes organisations internationales qui y siègent. Alors, forcément, cela fait vite monter les prix des hébergements. Il est indispensable de réserver son logement bien à l'avance, même hors saison. D'autant plus que les prix affichés varient souvent en fonction du calendrier des conférences internationales. Il existe malgré tout des solutions d'hébergement à des prix raisonnables :

Types d'hébergement

L'office du tourisme **Genève Tourisme** (*p. 107*) propose des forfaits hôteliers intéressants souvent couplés avec des visites guidées ou des excursions. N'hésitez pas à vous renseigner.
Bed and Breakfast – Ils ne sont pas fréquents à Genève, en revanche vous en trouverez dans les environs. Ils restent plus abordables que les hôtels et plus confortables que les auberges de jeunesse. **Bed and Breakfast Switzerland** – www.bnb.ch. Sélection d'établissements et édition d'un guide.
Auberges de jeunesse – www.youth hostel.ch. Pour obtenir la carte de membre, contactez : en France, la **Fédération unie des auberges de jeunesse (Fuaj)** - ✆ 01 44 89 87 27 - www.fuaj.org ; en Belgique, les **auberges de jeunesse (ASBL)** - ✆ (0)2 219 56 76 - www.laj.be.
Swiss Charme Hotels – Réservation directe hors Suisse - ✆ 00 41 (0) 848 805 508 - www.rooms.ch. Ces établissements simples et accueillants disposent de dortoirs, de chambres avec lavabo, de chambres avec

douche ou bain. Petit-déjeuner compris dans le prix.

Locations chez l'habitant – Louer une chambre ou un appartement d'un Genevois peut être un bon compromis : **Airbnb** – www.airbnb.fr ; **Abritel** – www.abritel.fr.

Sites Internet

D'autres adresses également sur www.swiss-rooms.ch, www.hostelworld.com, www.hostelbookers.com, etc.

HORAIRES

En règle générale, les magasins sont ouverts du lundi au samedi de 9h à 19h (fermeture à 18h le samedi et 21h le jeudi). Sauf quelques exceptions, les restaurants servent les repas de midi entre 12h et 14h et, le soir, de 19h à 22h. Excepté dans la Ville Haute et aux Pâquis, les restaurants, cafés, bars et boulangeries sont fermés le dimanche.

INTERNET

On capte une connexion Wi-Fi gratuite dans toute la rade de Genève, dans les rues à proximité du lac, ainsi que dans la plaine de Plainpalais (réseau : ((o)) ville-geneve). Pour connaître la liste des hotpoints du réseau de la ville de Genève, voir www.ville-ge.ch/dsic/wifi/carte.

Le Wi-Fi est disponible aussi gratuitement à l'office de tourisme, dans la plupart des hôtels et des musées ainsi que dans certains restaurants et cafés qui en affichent le symbole.

JOURS FÉRIÉS

Fêtes générales

Les fêtes générales chômées sont : 25 décembre, 1er janvier, Vendredi saint, lundi de Pâques, Ascension, lundi de Pentecôte.

Fêtes à Genève

1er août : jour de la fête nationale suisse.

2e jeudi de septembre : Jeûne genevois.

31 décembre : anniversaire de la Restauration de la République.

LOCATION DE VOITURES

Que ce soit directement à l'aéroport ou par la suite en ville, il est très facile de louer une voiture à Genève. Cependant, il est fortement conseillé de réserver votre véhicule avant de partir. À noter que les prix de location des voitures sont souvent moins élevés à l'aéroport qu'en ville.

À l'aéroport

Les guichets des sociétés de location de voiture (7h30-22h) du secteur France sont situés au niveau « enregistrements ». Les sociétés de location de voitures du secteur Suisse se trouvent au niveau « Arrivées ». Attention : si vous louez une voiture dans le secteur France et que vous la rapportez dans le secteur Suisse (ou inversement), votre société de location peut vous faire payer une taxe s'élevant à 200 € minimum.

En ville

Europcar – 37 r. de Lausanne – ✆ 022 909 69 90.

Avis – 44 r. de Lausanne - ✆ 022 731 90 00.
Hertz – 60 r. de Berne - ✆ 022 716 30 80.

Sites Internet

Des comparateurs de locations de voiture sur www.rentalcars.com et www.bsp-auto.com.

MARCHÉS

Place de Pré-l'Evêque – ***E6*** - lun. 6h30-13h. Fruits et légumes.
Place de la Navigation – ***D3*** - mar. et vend. 6h30-13h45. Fruits et légumes et beaucoup de produits locaux.
Plaine de Plainpalais – ***B7-8***. Le plus grand marché de la ville. Fruits et légumes : mar. et vend. 6h30-14h15 et dim. 8h-19h. Marché aux puces : merc.-sam. et chaque 1er dim. du mois *(« Nos adresses » p. 88)*.
Boulevard Helvétique – ***D6-7*** - merc. et sam. 6h30-13h/14h. Fruits, légumes et spécialités valaisannes.
Place des Grottes – ***B3-4*** - jeu. 16h30-19h30 (hiver)/20h30 (été). Spécialisé dans les produits bio et de fabrication artisanale.
Place de la Fusterie – ***C5-6*** - merc. et sam. 6h30-18h45. Fruits et légumes ; jeu. : artisanat ; mar. et vend. : marché aux livres *(« Nos adresses » p. 87)*.

MÉDIAS

À Genève, les quotidiens *Le Temps* et la *Tribune de Genève* sont à la presse écrite ce que la Radio suisse romande est aux ondes : des références. Cette dernière est associée au réseau RTS (Radio télévision suisse), qui comprend aussi le réseau télévisé TSR (Télévision suisse romande) doté des chaînes TSR1, TSR2 et TSRInfo.

MUSÉES

La plupart des musées sont fermés le lundi et ouvrent en général de 11h à 17h. Le Patek Philippe Museum, la fondation Bodmer et les galeries d'art contemporain ouvrent à 14h et ferment à 18h.
Attention : le palais des Nations est fermé le samedi et le dimanche et ne propose qu'une visite guidée en français par jour à 14h30 *(voir p. 50)*.
Pour visiter le CERN, il faut réserver sur Internet 15 jours à l'avance, même s'il existe la possibilité de s'inscrire « à la dernière minute » 3 jours à l'avance. Le CERN ferme le dimanche et pendant les vacances scolaires de Pâques et de Noël *(voir p. 66)*.

OFFICES DE TOURISME

Office national de tourisme

Suisse Tourisme – ✆ 00 800 100 200 29 depuis la France, la Belgique et le Luxembourg (appel gratuit) - www.myswitzerland.com.

Offices du tourisme de Genève

Genève Tourisme – 18 r. du Mont-Blanc - 1201 Genève - ✆ 022 909 70 70 - www.geneve-tourisme.ch - lun. 10h-18h, mar.-sam. 9h-18h, dim. 9h-16h - fermé 25 déc. et 1er janv.
Espace Ville de Genève – 1 pont de la Machine - ✆ 022 418 99 00 - www.ville-geneve.ch - lun. 12h-18h, mar.-vend. 9h-18h, sam. 10h-17h - fermé 25 déc. et 1er janv.

PASS TOURISTIQUE

Geneva Pass – 26 à 45 CHF selon la durée (1 à 3 jours). En vente au bureau **Genève Tourisme** *(voir « Offices de tourisme » p. 107)*, ce pass vous donne, en plus de l'accès gratuit à tous les musées (excepté le palais des Nations), l'accès illimité à tout le réseau de transports publics, ainsi qu'au petit train touristique et au téléphérique du Mont-Salève. Il permet également de faire une croisière gratuite d'une heure avec la CGN (compagnie générale de navigation sur le lac) et d'obtenir de nombreuses réductions sur des tours et des visites guidées de la ville. Possibilité de l'acheter en ligne sur : www.geneve-tourisme.ch.

PERSONNES HANDICAPÉES

Dans le guide, le symbole ♿ signale les sites accessibles aux personnes à mobilité réduite (quasiment tous les musées de Genève le sont). La grande majorité des véhicules du réseau de transports en commun est accessible aux personnes handicapées (plancher bas ou rampe d'accès), à l'exception des bateaux des Mouettes genevoises. L'autobus qui leur permettra d'accéder à la Ville Haute est le bus 36 qui part de la place de Neuve.

POSTE

Comme en France, le jaune est la couleur de la poste en Suisse. La plupart sont ouverts du lundi au vendredi de 7h30 à 18h et le samedi de 9h à 16h. Pour la France et la zone Europe, comptez 1,40 CHF pour une lettre (20 g). On achète les timbres uniquement dans les bureaux de poste.

RESTAURATION

« Se restaurer » p. 72.

Les usages

Avant tout, une précision : lorsque les Suisses parlent de « dîner », il s'agit en fait du déjeuner, ce dernier désignant le « petit-déjeuner », et le « souper » le repas du soir. Les repas se prennent un peu plus tôt qu'en France, vers midi et 19h. N'arrivez donc pas trop tard au restaurant sous peine que le service soit terminé, sauf dans les lieux très touristiques. Si vous êtes invité chez des locaux, veillez à arriver à l'heure indiquée : la ponctualité des Suisses n'est pas une légende...
Repas au restaurant – Le midi, même si vous ne prenez qu'un plat (le plat du jour, par exemple, formule très courante, souvent la plus économique), une entrée vous sera servie sans supplément.
Demander une carafe d'eau sans prendre d'autres boissons peut être mal vu et vous sera facturé environ 1 €. Si vous commandez du vin au verre, il risque fort d'être peu rempli (du moins, nettement moins qu'en France). Enfin, un pourboire n'est pas indispensable mais témoigne de votre satisfaction sur la qualité du service, ainsi pensez à laisser au moins 5 % de pourboire.
Habitude de Genevois – L'afterwork du jeudi est une institution à Genève :

en sortant du bureau, on se retrouve entre amis autour d'un verre que l'on prolonge souvent en dîner à tapas.

Les boissons

Le vin – On a longtemps dit du vin produit dans le pays genevois qu'il n'était qu'un vin de mélange. Mais, depuis 1984, un énorme effort a été fait par les producteurs pour améliorer la qualité de leur vin au détriment de la quantité. Et les résultats sont là.
Le cépage genevois s'est fait remarquer dans de nombreux concours notamment en Italie et en France. À découvrir, l'Esprit de Genève, un vin rouge composé d'un assemblage de plusieurs cépages dont la qualité est soumise à une charte très exigeante. Les vins « ouverts » (en carafe) sont servis en décilitres (2 à 5) ; on prend par exemple « 2 décis de fendant ».
La bière – Grand choix de bières savoureuses, à la pression ou en bouteille (Adler, Cardinal, Egger, Eichhof, Feldschlösschen...).
L'eau minérale – L'eau ordinaire ou « du robinet », comme on dit en France, ne fait pas tellement partie des coutumes. Au restaurant, il est d'usage de commander une bouteille d'eau minérale (parmi les plus courantes : Henniez, San Pellegrino, Passuger).
Le café – Il est souvent servi avec un petit pot de crème (Kaffeesahne). L'après-midi, on peut faire une pause dans un « bar à café », où sont servies des boissons non alcoolisées, ou dans un *tea room*, salon de thé proposant pâtisseries et collations.

SOUVENIRS

« Shopping » p. 84.

Montres et bijoux – Genève est la patrie de grands groupes horlogers, comme Swatch, Certina, Ebel, Jaquet Droz ou Baume & Mercier, et celle de bijoutiers non moins célèbres (Mont Blanc, Bucherer, etc.). Afin d'éviter les contrefaçons, n'achetez que chez un représentant officiel de la marque. Dans tous les cas, la montre doit porter la mention « Swiss made » ou « Swiss ».
Fromage – Si votre trajet de retour n'est pas trop compliqué ou trop long, pourquoi ne pas rapporter une des 450 spécialités fromagères, parmi lesquelles les fameux emmental, gruyère, appenzell, tête-de-moine ?
Chocolat – La plupart des chocolatiers vous proposeront de faire votre choix parmi une soixantaine de spécialités, mais la star c'est la spécialité locale, le pavé de Genève, absolument confondant.
Couteau suisse – *encadré p. 87.*

STATIONNEMENT

Si vous venez à Genève en voiture, évitez de vous garer dans la rue. Les parcmètres sont chers *(1,40 CHF pour 30mn)* mais surtout, on ne peut pas laisser sa voiture à la même place plus de 30mn. Il vaut beaucoup mieux chercher un parking souterrain. Ils sont nombreux et leur grand « P » blanc sur fond bleu est très facilement repérable *(comptez entre 2 et 3 CHF/h)*.

TABAC

Comme dans de nombreux pays d'Europe, il est interdit de fumer en Suisse dans les lieux publics.

TAXI

Réservez dans l'une des 60 stations réparties dans la ville, par téléphone ou sur Internet :

Taxi-phone - ✆ 022 331 41 33

AA Genève Central Taxi - ✆ 022 320 22 02

Prise en charge : 6,30 CHF puis 3,20 CHF/km.

Du centre-ville jusqu'à l'aéroport, comptez autour de 40 CHF.

TÉLÉPHONE

Portables - Le réseau de **Swisscom mobile** couvre la ville de Genève. Par abus de langage, le terme **« Natel »** est utilisé ici pour désigner un téléphone portable. 076, 078 et 079 sont les préfixes des portables.

Cabines téléphoniques - Euros et cartes de crédit acceptées. Une télécarte, la **taxcard**, est en vente dans les bureaux de poste, les kiosques et les gares *(entre 5 et 50 CHF selon le nombre d'unités)*.

Appels internationaux

Pour appeler la Suisse depuis l'étranger : 0041 + numéro du correspondant à 9 chiffres.

Pour appeler hors de la Suisse, 00 + indicatif du pays (33 pour la France) + numéro du correspondant, sans le 0 initial pour la France.

Appels locaux

Pour les appels nationaux, l'indicatif national ne doit pas être composé, mais seulement l'indicatif régional (022 pour Genève).

TRANSPORTS EN COMMUN

Voir plan des transports en commun au dos du plan détachable.

À Genève, le réseau de transports en commun est très dense et d'une ponctualité proverbiale. Si vous résidez dans un hôtel, une auberge de jeunesse ou un camping du canton, vous recevrez la **Geneva Transport Card** qui vous permet d'utiliser gratuitement pendant toute la durée de votre séjour la totalité du réseau de transports publics de Genève et ses environs (zone 10), les bus et tramways des TPG (Transports Publics Genevois), trains CFF (Chemins de fer fédéraux suisses), et les navettes-bateaux (Mouettes genevoises).

En bus et tramway

TPG - ✆ 00 800 022 021 20 - appel gratuit depuis la Suisse et les départements de l'Ain et de la Haute-Savoie - www.tpg.ch. Vous reconnaîtrez facilement les bus et les trams de Genève à leurs grandes baies vitrées et leur logo orange. Les autobus fonctionnent de 5h à 0h30. Les vendredis soir et samedis soir, 15 lignes fonctionnent jusqu'à 2h30 du matin. Informations et plans dans les agences TPG de la gare Cornavin et du Rond-Point de Rive *(lun.-vend. 7h-19h - sam. 9h-18h - fermé le dim.)*, ainsi qu'au bureau Genève Tourisme, à

TICKET
987321O5
UNIRESO : UN SEUL TICKET
POUR DÉCOUVRIR GENÈVE
ET SES ALENTOURS
EN BUS, TRAM, TRAIN ET BATEAU !
unireso
Plus d'informations : www.unireso.com

l'Espace Ville de Genève (p. 107) ou dans les hôtels.

En bateau

Les Mouettes genevoises – 022 739 20 44 - www.mouettesgenevoises.ch - lun.-vend. 7h25-19h35, w.-end et j. fériés 10h-17h55 (fermeture à 21h05 l'été) - environ ttes les 10mn.

Ces vedettes jaunes au cockpit rouge permettent de passer facilement d'une rive à l'autre. Trois lignes relient les Pâquis (sur la rive droite, en face du Grand Hôtel Kempinski) avec la place du Molard (en face du restaurant Le Lacustre), les Eaux-Vives (débarcadère dans l'axe de la rue des Pierres-du-Niton) et Genève-Plage (débarcadère à côté du monument du Port-Noir). Une quatrième ligne relie Chateaubriant (débarcadère situé à côté du restaurant La Perle du Lac) et Genève-Plage.

Tarifs

Si vous ne bénéficiez pas d'une Geneva Transport Card qui vous offre la gratuité des transports de manière illimitée, vous trouverez facilement à chaque arrêt TPG ou à chaque débarcadère de Mouette genevoise un distributeur de billets et de cartes à la journée. Tous acceptent des cartes de crédit et des euros (billets et pièces). Tarifs : 3 CHF (billet normal valable 1h), 2 CHF (billet simple pour un « saut de puce », soit maximum 3 arrêts en bus ou tram ou pour une traversée en bateau). La carte journalière *(10 CHF - 8 CHF à partir de 9h)* est intéressante. Le week-end, cette carte est valable pour 2 personnes voyageant ensemble.

TRANSPORTS RÉGIONAUX

Bus TPG – La plupart des lignes d'autobus régionales partent de la gare Cornavin, sauf les autobus en direction de l'est et ceux qui longent la rive gauche du lac qui ont leur point de départ au Rond-Point de Rive. Vous pourrez vous procurer un plan dans les agences TPG de la gare Cornavin et du Rond-Point de Rive. Les vendredis et samedis soir, le service de nuit est assuré par 12 lignes de Noctambus jusqu'à 5h du matin. Informations sur les heures de passage sur www.noctambus.ch. Plans disponibles au bureau TPG de la gare Cornavin et du Rond-Point de Rive.

Train CFF – www.cff.ch - 0900 300 300 (1,19 CHF/mn depuis le réseau fixe suisse). Tous les trains du réseau ferré périphérique et régional partent de la gare Cornavin. Informations à la gare Cornavin et à l'Espace Ville de Genève (p. 107).

Tarifs – Si vous ne disposez pas d'une Geneva Transport Card, vous pourrez acheter un billet au distributeur placé à l'arrêt de bus ou directement à bord. Comptez de 3,40 à 9,80 CHF par billet en fonction de la zone tarifaire. La carte journalière vaut 18,50 CHF (13,20 CHF après 9h).

Pour les bus, mêmes points de vente que pour les transports en commun. Pour les billets de train CFF, points de vente à la gare Cornavin, à la gare de Genève, à l'aéroport ou en ligne sur www.cff.ch.

VÉLO

L'été, le vélo est un moyen très agréable de découvrir Genève, d'autant plus que c'est une ville où les distances sont assez courtes et qui dispose d'un réseau de pistes cyclables de pas moins de 90 km ! Et bonne surprise : de mi-avril à mi-octobre, l'association Genève roule vous prête gratuitement un vélo pendant 4h (au-delà, il faut compter 2 CHF par heure supplémentaire). Le reste de l'année, il vous en coûtera 12 CHF la journée pour un vélo de ville, 25 CHF pour un vélo électrique. Conseils, cartes et casques inclus.

Genève roule – 17 pl. de Montbrillant à deux pas de la gare Cornavin - ✆ 022 740 13 43, www.geneveroule.ch; 4 ruelle des Templiers - ✆ 022 735 06 38; 1 av. de Vaudagne à Meyrin - ✆ 022 740 10 70 - horaires 8h-18h - 21h l'été).

La balade la plus facile part de la gare Cornavin et atteint le Jardin botanique en longeant le lac *(comptez 30mn)*.

Autres buts de promenade, mais quand même plus sportifs, Satigny, que l'on rejoint en longeant le Rhône entre parcs et forêts, et le Pas de l'Échelle, qui n'est qu'à 7 km du centre-ville. Une fois sur place, mettez votre vélo dans le téléphérique et montez au sommet du Mont-Salève. La vue sur Genève, le lac Léman et le massif du Mont-Blanc est extraordinaire.

D'autres idées de balade, ainsi que des conseils et des prévisions météo sur www.veloland.ch.

VISITES GUIDÉES

À pied

La Vieille-Ville et ses trésors – Sam. à 10h - 15 CHF - réserv. obligatoire auprès de Genève Tourisme (*p. 107*) - parcours très bien fait de 2h pour découvrir les trésors de la Ville Haute en compagnie d'un guide.

Geneva Mistery – 21 CHF par groupe de 5 pers. maxi - vente au bureau Genève Tourisme. Ce carnet qui inclut 3 entrées dans différents musées est l'instrument de travail pour effectuer une enquête policière. Le but : aller à la pêche aux indices permettant de retrouver la trace d'un archéologue disparu. Cette balade d'un nouveau genre emmène les visiteurs dans les lieux emblématiques de la Ville Haute. Comptez 2 à 3h.

En segway

Citywheels – Centre commercial Les Cygnes - 22 r. des Alpes - ✆ 022 510 34 56 - www.citywheels.ch - 10h-14h - réserv. obligatoire - à partir de 99 CHF. Après une petite formation, partez pour une balade en segway (véhicule électrique monoplace) dans la Ville Haute ou dans le quartier des Nations en longeant la rive droite du lac. Comptez 1h30 à 2h.

En petit train

Swisstours – ✆ 022 781 04 04 - www.sttr.ch - tlj sauf 25 déc. et 1er janv. - départ ttes les 45mn à partir de 11h30 jusqu'à 15h15 - vente de billets à bord - 10,90 CHF. Rendez-vous place du Rhône (à deux pas de la place de la Fusterie) et montez dans un petit train vert faire le tour

J. Arnold Images / hemis.fr

Café et hôtel de ville dans la Ville Haute.

de la Villle Haute ou des parcs de la ville (45mn) ou un grand tour jusqu'au quartier des Nations (90mn). S'il ne fait pas chaud, couvrez-vous, le train n'a pas de fenêtres.

En autobus

Keytours - ✆ 022 731 41 40 - www.keytours.ch - tlj sauf 25 déc. et 1er janv. - 39,90 CHF/h - Vente de billets à bord. Départ à 14h (également à 10h l'été) de la gare routière (pl. Dorcière). La visite commence par le quartier des Nations et descend le long de la rive droite du lac pour rejoindre le Jardin anglais, le Jet d'eau, les parcs des Eaux-Vives et La Grange avant de vous déposer place du Rhône où vous attend un petit train qui vous emmènera dans la Ville Haute.

Croisières sur le lac Léman et sur le Rhône

Compagnie générale de navigation (CGN) – www.cgn.ch. Deux guichets dans le centre : **Genève Mont-Blanc** (1 quai du Mont-Blanc - ✆ 022 716 42 53) et **Genève Jardin Anglais** (1 prom. du lac - ✆ 0900 929 929). Plusieurs croisières sur le lac Léman dont la Croisière des belles rives (1h - 19 CHF/ 9,5 CHF) et la Croisière des rivages de la côte (2h30 - 38 CHF/19 CHF).

Swissboat – 4 quai du Mont-Blanc - ✆ 022 732 47 47 - www.swissboat.com. Croisières sur le lac Léman et sur le Rhône : Croisière de la sirène (1h - 16 CHF/11 CHF) ; Croisière des châteaux et demeures (2h - 35 CHF) et Les Rives du Rhône (2h45 - 25 CHF/18 CHF).

Agenda culturel

RENDEZ-VOUS ANNUELS

Janvier

▶**Salon international de la Haute Horlogerie (Sihh)** – (3e semaine de janvier) Palexpo, route François-Peyrot 30, 1218 Le Grand-Saconnex. Ce salon privé se tient pendant 3 jours - www.sihh.org.

Mars

▶**Salon de l'Automobile** – (première quinzaine de mars) Palexpo, route François-Peyrot 30, 1218 Le Grand-Saconnex. Dix jours pour faire le plein de nouveautés automobiles - www.salon-auto.ch.

Avril

▶**Salon International des Inventions** – (mi-avril) Palexpo, route François-Peyrot 30, 1218 Le Grand-Saconnex. Le plus grand marché d'inventions au monde se tient à Genève pendant 4 jours - www.inventions-geneva.ch.

▶**Salon du Livre et de la Presse** – (dernier week-end du mois d'avril) Palexpo, route François-Peyrot 30, 1218 Le Grand-Saconnex. Le temps d'un week-end, Genève devient le rendez-vous de l'édition en langue française et le carrefour de la réflexion sur la francophonie - www.salondulivre.ch.

Mai

▶**Garden Party** – (premier week-end de mai) Parc des Bastions. Manifestation ouverte à tous organisée par les étudiants de l'université de Genève au parc des Bastions.

▶**Marathon de Genève** – (deuxième week-end de mai) Tout le monde court pour l'UNICEF. Huit niveaux de courses pour que toute la famille puisse participer - www.harmonygenevemarathon.com.

▶**Fête de l'Espoir** – (dernier samedi de mai) Stade du Bout-du-Monde. Depuis 13 ans, une vingtaine d'artistes répondent à l'appel des organisateurs bénévoles de cette manifestation populaire qui rassemble plus de 50 000 personnes pour faire de Genève, l'espace d'une journée, la capitale de l'Espoir - www.espoir.ch.

Juin

▶**Bol d'or Mirabaud** – (deuxième ou troisième week-end de juin) C'est un spectacle magnifique : le lac est littéralement couvert de voiles de toutes les tailles qui participent à la plus grande régate européenne de voiliers - www.boldormirabaud.com.

Juillet-août

▶**Lake Parade** – (début juillet) Grande parade à la gloire de la musique techno qui attire plus de 100 000 personnes autour de la rade de Genève - www.lakeparade.ch.

▶**Fêtes de Genève** – (mi-juillet - 9 août) Plus de 160 animations, 60 spectacles et concerts gratuits attirent plus de 2 millions de visiteurs chaque année à la fête préférée

La fête de l'Escalade

Tous les ans autour du 12 décembre, les Genevois, vêtus de costumes d'époque, défilent à la lueur des torches dans les rues de la Ville Haute. Le cortège s'arrête en divers endroits pour permettre à un héraut de donner lecture, du haut de son cheval, de la proclamation de la victoire du 12 décembre 1602 sur les troupes du duc de Savoie qui avaient tenté de pénétrer dans la ville en escaladant les murailles de Plainpalais avec des échelles en bois. Ce jour-là, les confiseurs confectionnent des marmites en chocolat pleines de légumes en massepains qui symbolisent le geste de « Mère Royaume » chassant l'ennemi en lui déversant sur la tête le contenu bouillant d'une marmite de soupe. Service religieux dans la cathédrale St-Pierre, pétards et réjouissances accompagnent cette commémoration.

des Genevois qui se termine par un magnifique feu d'artifice de 45mn sur le lac. Le 1er août, jour de la fête nationale suisse, on brûle tout ce qui est vieux et abîmé pour faire de grands feux en souvenir de ceux que l'on allumait pour communiquer en montagne.

▶**Festival Musiques en été** – (fin juin à mi-août) Une très belle programmation de musique tout l'été : lundi jazz , mardi et jeudi, musique classique, mercredi et vendredi, musique du monde. Les concerts ont lieu dans des endroits particulièrement bien choisis : la cour de l'Hôtel-de-Ville, le Victoria Hall ainsi que le parc de la Grange - www.ville-ge.ch.

Novembre

▶**Les Automnales** – (deuxième quinzaine de novembre) Palexpo, route François-Peyrot 30, 1218 Le Grand-Saconnex. Immense marché où l'on trouve de tout, depuis les jouets aux spécialités régionales, en passant par les objets d'art contemporain, les ateliers chocolat, les produits de beauté et mille autres choses. Des spectacles sont même proposés au public - www.automnales.ch.

Décembre

▶**Fête de l'Escalade** – (week-end le plus proche du 12 décembre) Trois journées pendant lesquelles Genève vit à l'heure du 15e s. avec défilés, dégustations, animations, visites commentées, démonstrations. La fête se termine par un cortège impressionnant de 800 personnes en costume qui défilent dans les rues de la Ville Haute - www.compagniede1602.ch *(voir encadré ci-dessus)*.

▶**Course de l'Escalade** – (premier samedi de décembre, à l'occasion de la fête de l'Escalade) Cette course est un événement incontournable de l'année genevoise. Elle accueille près de 30 000 participants.

Pour en savoir plus

Genève en quelques dates 120
Genève, ville de spiritualité 122
La Réforme 124
L'horlogerie 126
Genève, capitale des droits de l'Homme 128
Le CERN et le grand collisionneur de hadrons (LHC) 130
Henry Dunant et la Croix-Rouge 132
Trésors naturels du Léman 134
Le chocolat 136

Broken Chair, sculpture de Daniel Berset sur la place des Nations depuis 1997.
V. Pelaez Torres / iStock

Genève en quelques dates

121 av. J.-C. – Conquête du pays des Allobroges par les Romains.

58 av. J.-C. – César bloque le passage des Helvètes sur le pont sur le Rhône à l'endroit de l'actuelle Genève. Fondation du **bourg romain de Genava**.

350 – Établissement du premier sanctuaire chrétien.

443 – Capitale du royaume des Burgondes. Développement de l'autorité du pouvoir épiscopal.

534 – Rattachement du comté de Genève au royaume des Francs.

843 – Genève fait partie du Royaume de Bourgogne.

1032 – Genève est léguée au **Saint Empire romain germanique**.

1124 – Signature de l'accord de Seyssel par lequel le comte de Genève reconnaît la souveraineté de l'évêque sur la cité.

1250 – Le comte de Savoie s'empare du château du Bourg-de-Four, résidence du comte de Genève. Apparition des foires de Genève.

1424 – Premiers établissements bancaires.

1477 – Signature par l'évêque de Genève du traité de combourgeoisie avec Berne et Fribourg pour 5 ans.

1526 – Début de la propagation des idées de la **Réforme luthérienne** à Genève. Renouvellement du traité de combourgeoisie avec Berne et Fribourg. Début de la perte du pouvoir détenu par l'évêque. Émergence d'une seigneurie autonome.

1535 – Interdiction de célébrer la messe catholique.

21 mai 1536 – Adoption de la Réforme. Arrivée de nombreux protestants français et italiens. Début de l'essor économique de Genève (soierie, dorure, horlogerie).

1538 – Exil de **Calvin** à Strasbourg.

1541 – Proclamation de la Seigneurie de Genève. Retour de Calvin.

24 août 1572 – Massacre de la Saint-Barthélemy. Deuxième vague de réfugiés protestants français et italiens.

12 décembre 1602 – Échec de l'escalade des remparts de Genève par les troupes du duc de Savoie.

12 juillet 1603 – Signature du traité de Saint-Julien. Le duc de Savoie reconnaît l'indépendance de Genève.

1685 – Révocation de l'**édit de Nantes**. Troisième vague de réfugiés protestants. Développement de l'industrie des indiennes de coton.

1707 et 1737 – Les révolutions de Genève opposent les nobles et les bourgeois.

1770 – Fondation de Versoix par la France et de Carouge par le royaume de Sardaigne pour contrer l'essor économique de Genève.

1785 – La crise économique entraîne l'émeute de Saint-Gervais et conduit à la libéralisation de la Constitution.

1794 – Vote de la nouvelle Constitution, qui ne réserve cependant la citoyenneté qu'aux hommes protestants. Nouvel essor de l'économie et du commerce.

1798 – Genève devient une **ville française**, siège de la préfecture du département du Léman.

30 décembre 1813 – Fin de l'occupation napoléonienne. Proclamation de la restauration de la République de l'Ancien Régime.

20 mars 1815 – **Congrès de Vienne** et proclamation de la neutralité de la Confédération helvétique.

19 mai 1815 – Traité de réunion : rattachement à la **Confédération helvétique**.

1847 – **James Fazy** renverse le gouvernement et établit une nouvelle constitution qui met fin à la domination du protestantisme. Destruction des fortifications et apparition de **nouveaux quartiers** (Pâquis, Plainpalais, Tranchées). Importante vague d'immigrés et de réfugiés allemands, français et italiens.

22 août 1864 – Signature de la première Convention de Genève.

10 février 1876 – Fondation du **Comité international de la Croix-Rouge**.

1919 – Genève est le siège de la Société des nations.

23 septembre 1920 – Inauguration de l'aéroport de Cointrin.

1946 – Genève est le **siège européen de l'ONU**.

21 juillet 1954 – Signature des **Accords de Genève** : fin de la guerre d'Indochine.

29 septembre 1954 – Création du **CERN**, Centre Européen de Recherche Nucléaire, à Meyrin.

juillet 1955 – Conférence des « Quatre Grands »: début de détente entre les États-Unis, l'URSS, la France et le Royaume-Uni.

1934-2015 : plus de 80 ans de secret bancaire

Le secret bancaire a été érigé en loi en 1934 pour s'assurer la fidélité d'une clientèle européenne attirée par la stabilité et la neutralité suisses. Après la Seconde Guerre mondiale, tous les États européens tentèrent de mettre fin à cet usage qui alimentait la fuite de capitaux nécessaires à leur reconstruction. Mais ce n'est que dans les années 1990 que les négociations ont été engagées sous la pression des États-Unis. La levée définitive du secret bancaire a été votée par le Conseil national suisse le 16 septembre 2015.

1960 – **Droit de vote accordé aux femmes** dans le canton de Genève, 10 ans avant le reste de la Suisse.

1962 – Réforme de l'instruction publique sous l'impulsion du député socialiste André Chavanne.

1972 – Crise de l'industrie horlogère.

1979 – La première **conférence mondiale** sur le climat se tient à Genève.

1983 – L'arrivée de **Swatch** met fin à la crise de l'industrie horlogère.

1989 – Invention du **World Wide Web** au CERN, à Meyrin.

1997 – Arrivée de la gauche et des Verts au Grand Conseil.

2001 – Retour de la droite au pouvoir.

2003 – Inauguration du stade de Genève.

2008 – Mise en service de l'**accélérateur LHC** au CERN.

2015 – Genève fête le bicentenaire du Traité de réunion et remporte le **World Travel Awards**, meilleure destination « City Break » d'Europe.

Genève, ville de spiritualité

LA GENÈVE CATHOLIQUE

Genève entre officiellement dans l'histoire en 58 av. J.-C., sous la plume de Jules César. Dans ses *Commentaires de la guerre des Gaules*, le général raconte son arrivée dans la ville (qui faisait déjà partie de l'Empire romain) et sa décision de brûler le pont sur le Rhône pour contrer toute incursion des Helvètes. Au 5e s., Genève devient la **capitale du royaume burgonde**, lequel tombe aux mains des Francs au siècle suivant. Lorsque l'Empire carolingien se désagrège, la ville est intégrée au second royaume de Bourgogne. Puis, à la mort du dernier roi, Rodolphe III, la ville passe sous la domination du Saint Empire romain germanique. Nous sommes en 1032.

Jusqu'à la **Réforme** en 1536, Genève est gouvernée par des princes-évêques qui détiennent l'autorité spirituelle sur sa population et exercent un certain nombre de pouvoirs dont celui de battre monnaie. Ses armoiries – un demi-aigle bicéphale à tête couronnée, et une clé d'or – témoignent du statut de la cité d'alors, à la fois **ville impériale et épiscopale**. Le 14 novembre 1477, l'évêque de Genève conclut un traité de combourgeoisie avec Berne et Fribourg. Ce traité annonce la fin du pouvoir des évêques et l'émergence d'une seigneurie autonome.

LA « ROME PROTESTANTE »

À partir de 1526, les marchands allemands commencent à propager les idées de la Réforme luthérienne parmi les commerçants genevois. La même année, la ville signe un nouveau traité de combourgeoisie avec Berne et Fribourg. Sous l'influence de Berne, Genève accepte de laisser des prédicateurs répandre la toute récente doctrine protestante auprès de la population. Parmi eux, le très actif ministre du culte, le théologien français **Guillaume Farel**. En 1536, à l'appel de Farel et du Conseil de la ville, **Calvin** s'installe à Genève. La ville adopte officiellement la **Réforme** le 21 mai 1536. Et sa devise sera désormais : « Post tenebras lux », « Après les ténèbres, la lumière ». Mais Calvin et Farel imposent des lois tellement strictes à leurs concitoyens qu'ils sont chassés deux ans plus tard. Calvin revient de son court exil en 1541 et met en place les règles de fonctionnement de l'Église réformée et les rapports entre celle-ci et le pouvoir politique de Genève. Il promulgue des lois, élève de nouveaux remparts autour de la ville, accueille Clément Marot, Théodore de Bèze, le prédicateur écossais John Knox, et fonde en 1559 une académie. Genève connaît alors un immense rayonnement intellectuel et religieux. De leur côté, les ducs de Savoie ne peuvent se résigner à la perte définitive de la capitale naturelle

A. de Valroger / Michelin

Auditoire de Calvin.

de leurs États sur le Rhône. Dans la nuit du 11 au 12 décembre 1602, Charles-Emmanuel Ier fait attaquer par surprise, en pleine paix, les remparts de Genève. C'est la fameuse **tentative de l'Escalade** (*encadré p. 117*). Elle se solde pour l'assaillant par un échec que les Genevois commémorent chaque année.

LA CAPITALE DE LA PENSÉE

Au 18e s., la vie intellectuelle est florissante : les écrivains Jean-Jacques Rousseau et Madame d'Épinay, le banquier Necker et sa fille Germaine – future Madame de Staël –, le médecin Tronchin, le savant et alpiniste de Saussure, le peintre Liotard, le mathématicien et philosophe Gabriel Cramer, le physicien et géologue Jean-André Deluc, Voltaire sont genevois de naissance ou d'adoption.

Les troupes françaises entrent dans Genève en 1798 et la ville devient pour 15 ans le chef-lieu du département français du Léman. Après l'effondrement de l'Empire napoléonien, elle entre dans la Confédération helvétique le 19 mai 1815, date de la signature du Traité de réunion. À partir de 1850, avec l'avènement de la nouvelle Constitution prônée par James Fazy, Genève fait exploser le double carcan de son enceinte de remparts et de la domination de la pensée protestante. S'ensuit une époque de profonds bouleversements dans le plan urbanistique de la ville, reflet de l'esprit d'ouverture à la modernité qui s'était opérée dans les mentalités.

LA CAPITALE DES DROITS DE L'HOMME

Après la Première Guerre mondiale, Genève prend une **dimension internationale**. En raison de son rôle de ville d'accueil pendant la Réforme, et portée par la neutralité de la Suisse, Genève est devenue au 20e s. la capitale des droits de l'Homme. C'est ici qu'est établi le **siège de la Société des nations** (SDN) en 1919, et que sont signées nombre de conventions sur la guerre, le commerce ou encore le droit maritime. À partir de 1946, l'ONU y remplace la SDN. Aujourd'hui, plus de 200 organisations non gouvernementales sont implantées à Genève.

La Réforme

La Réforme est un mouvement né au début du 16e s. de la volonté d'un retour aux sources du christianisme, la **Bible**. Amorcée en Allemagne par **Martin Luther** (1483-1546), elle s'est diffusée en Europe du Nord et a abouti à la scission entre l'Église catholique romaine et l'Église protestante.

LE CONTEXTE

Le contexte religieux – Depuis la terrible peste noire (1347-1352), dont on estime qu'elle a tué 25 millions de personnes, soit la moitié de la population européenne, les populations vivent dans l'angoisse de la mort et du salut. Avec, comme conséquence, le développement du commerce des indulgences, sortes de certificats de pardon des péchés, émis sous forme de lettres munies de sceaux, que l'Église vend comme moyen de diminuer le nombre d'années de purgatoire avant d'accéder au salut éternel, en échange, bien sûr, de dons tarifés versés en pièces sonnantes et trébuchantes. Ainsi le commerce des indulgences a été le déclencheur de la Réforme.

Le contexte politique – L'adoption de la Réforme est également un moyen pour les princes de marquer leur indépendance face à l'autorité spirituelle du Pape qui lève des impôts partout en Europe, avec la fuite de capitaux qui s'ensuit. Au travers de la Réforme, les populations expriment leur révolte contre un souverain mal accepté : c'est le cas en Écosse, sous le règne de Marie Stuart (1542-1587), et aux Pays-Bas avec Charles V (1500-1558).

Le contexte historique – Les réformateurs profitent de l'essor de l'imprimerie (inventée en 1453) pour faire circuler la Bible en langues vulgaires (la première traduction de la Bible a été faite en allemand par Martin Luther) et permettre un contact direct du lecteur avec le seul texte de référence admis par la doctrine réformée.

LES CONCEPTS DE BASE DE LA RÉFORME PROTESTANTE

- La valeur d'une personne dépend de l'amour de Dieu et non de ses qualités, de son mérite ou de son statut social.
- La foi est un don et se fait à l'occasion d'une rencontre personnelle avec Dieu, par Jésus-Christ.
- La Bible est à la fois la seule autorité théologique et le seul guide.
- Jésus-Christ est le seul intermédiaire entre Dieu et l'humanité.
- Aucune entreprise humaine ne peut prétendre avoir un caractère absolu, intangible ou universel.
- Les Églises, créations humaines, doivent sans cesse porter un regard critique sur leur fonctionnement et leur doctrine, à partir de la Bible.
- Chaque baptisé est « prophète, prêtre et roi » sous la seigneurie du Christ. Ce concept anéantit le principe de hiérarchie au sein de l'Église.

L'exception de Carouge

Nous sommes en 1754. Pendant qu'à Genève on se confit en dévotion, de l'autre côté de l'Arve, les Carougeois qui viennent d'être annexés au royaume de Sardaigne, s'adonnent allègrement à la contrebande entre les deux rives de l'Arve dans une ambiance de far west propice à tous les vices. Forcément, beaucoup de Genevois en mal de plaisirs libertins traversent en cachette le pont sur l'Arve malgré les affiches placardées sur les murs de la ville par les autorités calvinistes scandalisées. En réalité, Victor-Amédée III, le roi de Sardaigne, est très peu intéressé par sa nouvelle acquisition. Mais en 1770, inquiet du pouvoir économique grandissant de Genève, il se rend compte de l'importance géostratégique de Carouge et décide de réorganiser la ville pour contrer Genève. Sept ans plus tard, c'est chose faite. Pour accélerer le peuplement de sa ville, il lui fait bénéficier d'une politique libérale qui favorise la venue d'étrangers de toutes les origines et appartenances religieuses, faisant de Carouge un modèle de tolérance et de diversité.

LA RÉFORME À GENÈVE : LE CALVINISME

Originaire de Picardie, **Jean Calvin** (1509-1564) est l'héritier spirituel de Luther et l'organisateur de la **Réforme** à Genève. En 1534, la publication de sa théorie, sous le titre *Les Institutions de la religion chrétienne*, l'a rendu célèbre parmi les réformateurs français. À 27 ans, il aurait pu poursuivre tranquillement sa carrière d'enseignant en théologie dans les principales universités européennes si le hasard ne l'avait obligé à s'arrêter à Genève. Nous sommes en 1536, la ville vient d'adopter la Réforme sous l'influence de Guillaume Farel. Sachant Calvin dans les murs de Genève, Farel le convainc de rester l'aider à parfaire sa mission. Calvin reste, mais il impose un style de vie tellement rigide qu'il est expulsé de la ville deux ans plus tard. Il revient en 1541, et y reste jusqu'à sa mort en 1564. Comparé à Luther, Calvin a une conception plus rigoureuse de l'autorité formelle de l'Écriture et du rôle attribué à la prédestination dans la piété. Il est également partisan d'une réforme plus radicale dans le culte, dont il émet les bases dans *Le Principe régulateur* concernant le culte, qui considère que seuls les éléments désignés dans le Nouveau Testament sont acceptables pour le culte. Tout le reste est interdit, en particulier les représentations (icônes, statues) et la musique.
En septembre 1541, Calvin définit dans ses *Ordonnances ecclésiastiques* l'organisation et les règles de fonctionnement de l'Église réformée et les rapports entre celle-ci et le pouvoir politique de Genève. La plus haute autorité civile de la ville est le **consistoire**, un tribunal ecclésiastique constitué de pasteurs et théologiens, qui contrôle les mœurs des citoyens. Il interdit les jeux, l'ivrognerie, le vagabondage, la danse, mais aussi les signes extérieurs de richesse et le port de bijoux.

L'horlogerie

UNE RECONVERSION FRUCTUEUSE

Jean Calvin a laissé un héritage inattendu à Genève : lorsqu'il a promulgué, en 1541, l'interdiction d'arborer des signes extérieurs de richesse, il a, en réalité, lancé l'industrie qui allait faire de sa ville la capitale de l'**horlogerie de luxe**. En effet, les Genevois ne pouvant plus arborer de bijoux, les joailliers et orfèvres se sont reconvertis dans la fabrication de boîtes de montre. Il s'agissait d'incruster une montre dans un écrin, une boîte ou un objet richement décoré, en réalité de véritables joyaux que l'on cachait dans sa poche. La fabrication de ces montres a entraîné l'essor d'un grand nombre de corps de métiers annexes, orfèvres, ciseleurs et émailleurs spécialistes de la miniature. Certains noms devinrent très célèbres, comme **Jean Petitot** (1607-1691) surnommé le Raphaël de la peinture miniature en émail, et, au siècle suivant, **Jean-Étienne Liotard** (1702-1789) connu aussi pour ses pastels.

Au 16e s., la France et l'Angleterre possédaient déjà un savoir avancé sur la fabrication de montres, mais c'est à Genève que cette expertise, apportée par les réfugiés huguenots, a trouvé le terrain le plus favorable à son expansion. Au 17e s., est fondée la **Corporation des horlogers**. Pour devenir maître horloger, il fallait suivre un apprentissage de 5 ans.

L'ESSOR DE L'HORLOGERIE ARTISANALE

Au début du 18e s., la fabrication des montres est organisée dans de petits ateliers artisanaux regroupés sous le nom générique de **« Fabrique »**. Ces ateliers, implantés pour la plupart dans le quartier **Saint-Gervais**, sur la rive droite du Rhône, étaient appelés « cabinets » d'où le nom donné à leurs occupants, les « cabinotiers ». En 1750, on compte 600 maîtres horlogers à Genève, sur une population totale de 20 000 habitants. Les **cabinotiers**

La montre la plus chère du monde

En 1925, le banquier new-yorkais Henry Graves a commandé à ***Patek Philippe*** *la montre la plus complexe au monde. Trois ans de recherches et cinq ans de fabrication ont été nécessaires pour créer la* ***Supercomplication Henry Graves****. Le mécanisme comprend 24 complications (c'est-à-dire des fonctions autres que l'indication de l'heure, des minutes et des secondes) parmi lesquelles un calendrier perpétuel, les phases de la Lune, l'indication de l'heure sidérale et les heures de lever et de coucher du soleil à New York. La Supercomplication Henry Graves est la montre la plus chère du monde : en novembre 2014, sa vente aux enchères de Sotheby's a atteint 23.200.000 CHF, soit 21 millions d'euros !*

étaient regroupés en plusieurs corps de métiers : horlogers, doreurs, guillocheurs, émailleurs, orfèvres... Leur savoir-faire a entraîné le développement de la fabrication d'**automates**, **boîtes à musique** et **jouets mécaniques** fonctionnant avec les mêmes mécanismes que ceux d'une montre. En 1758, le maître horloger Pierre Jaquet Droze a conquis la cour espagnole avec la pendule dite « du berger », aujourd'hui encore conservée au palais royal de Madrid : au moment où l'heure sonne, une quantité de personnages se mettent en mouvement, dont un chien gardant un panier de pommes. Lors du retrait d'un fruit, le chien aboie jusqu'à ce qu'on remette la pomme en place.

LA CONCURRENCE AMÉRICAINE

Au 19e s., la « Fabrique » est toujours l'industrie principale de Genève et fait vivre le quart de sa population. Certaines innovations importantes apparaissent : en 1810, **Bréguet** crée la première **montre-bracelet** de l'histoire (pour Caroline Murat, la sœur de Napoléon) et en 1842, **Adrien Philippe** invente la **montre à remontoir**, beaucoup plus simple et commode que la clé. En 1870, la production de montres suisses représente 70 % de la production mondiale. Mais la fin du siècle est marquée par la concurrence des États-Unis. En 1876, la **Waltham Watch Company** gagne la médaille d'or de précision horlogère mondiale à l'Exposition Universelle de Philadelphie et, surtout, présente la première chaîne de montage horlogère, faisant entrer l'horlogerie dans l'ère de la production de masse. **Jacques David**, le fondateur de la célèbre marque Longines, rentre de Philadelphie en s'écriant : « Messieurs les horlogers suisses, réveillez-vous ! ».

LA PRODUCTION DE MASSE

C'est au lendemain de la Première Guerre mondiale que les montres-bracelets se popularisent. Mais les besoins de précision sont toujours plus grands. L'utilisation du **quartz** dans l'horlogerie permet d'obtenir une mesure mille fois plus précise qu'avec les anciens systèmes mécaniques. Il a fallu attendre 40 ans pour que ce procédé puisse s'appliquer aux montres-bracelets. Cette fois, la concurrence vient du Japon. C'est pour contrer le leadership de Seiko que 21 manufactures suisses se sont unies en 1968 pour mettre au point **Beta 21**, premier mouvement à quartz destiné à des montres-bracelets. Mais Beta 21, trop fragile, est vite abandonné. **Seiko** devient le chronométreur officiel des Jeux olympiques de Sapporo de 1972. C'est le début de la grande crise de l'industrie horlogère qui va durer jusqu'au lancement de **Swatch**, en 1983. Aujourd'hui le plus grand exportateur de montres est la Chine, avec, en 2014, 614 millions d'unités. La Suisse est au 3e rang, avec 28,6 millions. Mais ce classement s'inverse si on parle de valeur : 95 % des montres de plus de 1000 $ sont produites en Suisse : une montre suisse coûte en moyenne 791 $ contre 3 $ pour une chinoise...

Genève, capitale des droits de l'Homme

VILLE DE REFUGE

Avec 105 km de frontière avec la France contre seulement 4,5 km avec le reste de la Suisse, le canton de Genève compte un nombre considérable de **bornes-frontière** : presque 500. La borne n° 1, petit monolithe avec l'aigle et la clé de l'écusson genevois d'un côté, et l'aigle sarde de l'autre, est le point le plus occidental de la Suisse. Située dans le bois de Chancy, cette borne a marqué l'arrivée en terre helvétique pour des dizaines de milliers de réfugiés huguenots à la recherche d'une terre d'accueil entre les 16e et 17e s. Pour ces réfugiés persécutés pour leurs croyances religieuses, notamment en 1572 suite au massacre de la Saint-Barthélemy et après la révocation de l'édit de Nantes en 1685, cette borne était synonyme de sécurité. Genève est, depuis, considérée comme une **terre d'asile**. De nombreuses personnalités internationales y trouveront refuge tout au long de l'histoire, comme **Lénine** avant la révolution russe de 1917.

VILLE NEUTRE

Jusqu'au 16e s., les différents cantons suisses sont partie prenante des conflits diplomatiques et militaires qui secouent l'Europe occidentale. Mais en 1618, la **guerre de Trente Ans** éclate. La Suisse, où coexistent les diverses formes du christianisme, décide de se tenir à l'écart des opérations militaires, tout en fournissant des armes aux différents belligérants. Pendant 150 ans, cette **neutralité** sera respectée par tous les gouvernants, à l'exception de Napoléon qui a imposé à la République helvétique nouvellement annexée à son Empire la participation de contingents de soldats suisses à la campagne de Russie de 1812. La Suisse doit attendre la chute de l'Empereur et la signature du **congrès de Vienne** le 20 mars 1815 pour faire définitivement reconnaître sa neutralité et l'inviolabilité de son territoire.

L'ESPRIT DE GENÈVE

De cette **tradition d'accueil** sur fond de neutralité, à laquelle s'ajoute l'héritage de la pensée démocratique léguée par Rousseau, est né l'esprit de Genève, qui a fait de la ville un **symbole de dialogue et de paix**. C'est la raison pour laquelle de nombreuses organisations internationales ont décidé d'y installer leur siège. De plus, la ville a été le terrain de diverses initiatives qui ont toutes en commun une même volonté de **défense des droits de l'Homme** : l'Appel

De Agostini/A. Vergani / age fotostock

Sphère armillaire du palais des Nations du sculpteur Paul Manship, 1939.

spirituel de Genève (1999), l'Appel de Genève pour l'interdiction des mines antipersonnel (2000), et l'Initiative de Genève pour la paix en Israël et Palestine (2003). Sans oublier le fait que Genève, centre mondial reconnu de l'arbitrage international privé, abrite aussi de nombreuses ONG, et la plus importante concentration de fonctionnaires onusiens dans le monde.

LES ORGANISATIONS INTERNATIONALES

On dénombre dans le canton de Genève un peu moins de 350 organismes, **organisations internationales** et **organisations non-gouvernementales**.

Les plus importantes établies à Genève sont :

- l'Office des Nations Unies de Genève (ONU)
- le Comité international de la Croix-Rouge et du Croissant-Rouge, la plus ancienne ONG existante
- le Haut-Commissariat des Nations Unies pour les réfugiés (HCR)
- le Conseil des droits de l'Homme des Nations Unies et le Haut-Commissariat des Nations Unies aux droits de l'Homme (HCDH)
- le Forum économique mondial (WEF)
- l'Organisation européenne pour la recherche nucléaire (CERN) – basée à Meyrin
- l'Organisation internationale de normalisation (ISO)
- l'Organisation internationale du travail (OIT)
- l'Union internationale des télécommunications (UIT)
- l'Organisation météorologique mondiale (OMM)
- l'Organisation mondiale du commerce (OMC)
- l'Organisation mondiale de la propriété intellectuelle (OMPI)
- l'Organisation mondiale de la santé (OMS)
- l'Union interparlementaire (UIP)

En 2015, ce sont pas moins de **29 000 personnes** (soit 1 emploi sur 10 à Genève) qui ont travaillé pour la défense des droits de l'Homme et le développement économique et social de la planète.

Le CERN et le grand collisionneur de hadrons (LHC)

Tandis que vous vous promenez dans le verdoyant pays de Gex, circulent sous vos pieds, à 100 m sous terre, des centaines de milliards de particules. Lancées quasiment à la vitesse de la lumière dans un anneau de 27 km de circonférence, elles parcourent cette boucle plus de 11 000 fois par seconde. Cette monumentale piste de bobsleigh pour protons, le LHC, ou grand collisionneur de hadrons, doit révolutionner la **compréhension scientifique de l'univers** et permettre de répondre à plusieurs questions de la physique fondamentale concernant la matière et les forces qui en assurent la cohésion.

LE LHC (LARGE HADRON COLLIDER)

Cette installation titanesque a été mise en service en septembre 2008. Expliquons (très simplement) son fonctionnement : on injecte deux faisceaux de **protons** dans une succession d'accélérateurs (un **hadron** est en fait un composé de **particules** et les protons sont des hadrons composés de 3 particules). Chaque faisceau est composé de 300 paquets de protons, et chaque paquet contient 100 milliards de protons (sachant que chaque proton contient 3 particules, cela nous fait.... 3 x 300 x 100 milliards, soit 90 000 milliards de particules !) qui passent d'un accélérateur à l'autre en augmentant chaque fois leur vitesse. Le dernier maillon de cette chaîne est le **LHC, le grand collisionneur de hadrons,** le plus puissant accélérateur de particules au monde, qui les amènera à une vitesse égale à 99,99 % de la vitesse de la lumière.

Les deux faisceaux de protons circulent en sens inverse dans deux tubes séparés placés sous ultravide (soit une pression bien plus faible que celle de la Lune). La vitesse et la trajectoire des faisceaux sont déterminées par un champ magnétique généré par près de 9 000 aimants supraconducteurs. Les deux faisceaux circulent de façon parallèle sur 27 km, sans se rencontrer, sauf en 4 points d'interaction où des aimants interviennent pour réaliser les collisions entre ces particules. À titre de comparaison, réaliser une **collision** entre des particules aussi minuscules exige une précision comparable à celle qu'il faudrait pour faire se percuter deux aiguilles lancées à 10 km de distance !

Le berceau du Web

C'est au CERN que le Web a été inventé en 1989 par Tim Berners-Lee, un physicien britannique. À l'origine, l'idée était de développer un logiciel permettant aux scientifiques du monde entier de s'échanger des informations en temps réel. Le site présentait les principales caractéristiques du logiciel et expliquait comment échanger des informations avec d'autres utilisateurs. L'ordinateur de Tim Berners-Lee qui hébergeait le premier serveur Web est encore au CERN. Le 30 avril 1993, le CERN a mis le logiciel du World Wide Web dans le domaine public. En donnant libre accès au logiciel nécessaire pour faire fonctionner un serveur Web, il a permis la création d'Internet.

À ces quatre points de collision, se trouvent placés d'immenses détecteurs, véritables cathédrales souterraines, qui permettent l'observation de ces collisions et enregistrent les nouvelles particules produites. Chaque observation est appelée **expérience**. Les données enregistrées par ces expériences sont ensuite traitées par plus de 100 000 processeurs informatiques, répartis sur 130 sites dans 34 pays.

L'UN DES DÉFIS TECHNOLOGIQUES MAJEURS DU 21E S.

Si le LHC est l'endroit le plus chaud de la galaxie aux points de collision, il est aussi le plus froid, étant maintenu à -271, 2 °C par un système de **refroidissement cryogénique**, plus froid que le vide intersidéral. Lieu des extrêmes, il est le fruit du travail scientifique d'équipes internationales. Pour construire le LHC, le génie civil a dû faire preuve de beaucoup d'ingéniosité. Afin de creuser le puits du détecteur CMS à Cessy, il a fallu congeler la terre avec de la saumure à -23 °C et de l'azote liquide à -80 °C, puis injecter d'énormes soutiens en béton, et cela à 100 m de profondeur.

APRÈS LE LHC

Le **CERN** prépare l'avenir et travaille déjà sur des projets qui pourront permettre d'aller encore plus loin. L'un d'eux concerne les **neutrinos**, les particules élémentaires les plus nombreuses de l'Univers. Émises par les étoiles, avec une masse proche de zéro, une charge électrique nulle et une vitesse de propagation égale à la vitesse de la lumière, les neutrinos constituent ce qui se rapproche le plus du « rien » physique. Le projet concernant les neutrinos fait partie d'un programme coordonné à l'échelle planétaire. La compréhension des neutrinos permettrait d'apporter des réponses aux grandes questions posées par la **cosmologie** : quelle est l'origine de la matière ? Quelle était la nature de la **« soupe primordiale »**, cette matière qui, quelques microsecondes après le **Big Bang**, contenait les ingrédients de tout ce qui existe ? Qu'est-ce que la matière noire ? Réponses dans la prochaine édition de ce guide ?

Henry Dunant et la Croix-Rouge

LE CHOC

Le 24 juin 1859, **Henry Dunant** se trouve sur les lieux de la **bataille de Solférino**, au nord de l'Italie et c'est le choc. Il ne s'en remettra jamais. Des corps mutilés à perte de vue gisent sur le champ de bataille, les services de secours sont débordés, les blessés sont abandonnés dans la boue. Il aide comme il peut et a l'idée de peindre une **croix de sang** sur un linge blanc pour évacuer en urgence un convoi de blessés entre les lignes ennemies.

L'ENGAGEMENT

De retour à Genève, il écrit *Un souvenir de Solférino*, dans lequel il fait trois propositions :

– constituer en temps de paix des sociétés qui porteraient secours aux blessés en temps de guerre;

– recruter et former des infirmiers et infirmières volontaires qui seraient reconnus par les armées;

– ériger l'aide aux victimes de guerre en **« principe international, conventionnel et sacré »** dans un texte signé par les gouvernements d'Europe.

Un souvenir de Solférino, publié à compte d'auteur en 1862, connaît un immense écho auprès des gouvernants européens.

En 1863, Henry Dunant fonde, avec le général Dufour, le docteur Louis Appia, le chirurgien Théodore Maunoir et le juriste Gustave Moynier un comité, qui deviendra 12 ans plus tard le **Comité International de la Croix-Rouge** (CICR). Sous l'impulsion de Dunant, on organise une conférence internationale sur les aspects humanitaires durant la guerre. Douze États (Autriche, Belgique, Danemark, Espagne, France, Hesse, Italie, Pays-Bas, Portugal, Prusse, Suisse et Wurtenberg) signent la première **Convention de Genève** le 22 août 1864. Ils s'engagent à soigner les blessés sans distinction de nationalité; respecter la neutralité du personnel sanitaire, des ambulances et des établissements sanitaires et adopter le signe distinctif de la croix rouge sur fond blanc comme emblème du personnel sanitaire.

LA DESCENTE AUX ENFERS

Henry Dunant a 36 ans, il ne sait pas qu'il est à la veille d'une descente aux enfers qui va durer 25 ans. En avril 1867, il est impliqué dans la faillite de la banque qui finance ses activités, le Crédit Genevois. C'est un scandale. Les tribunaux l'accusent d'avoir « trompé ses associés ». Moynier fait pression sur lui pour qu'il démissionne du comité. Le 25 août, il ne fait déjà

G. Lansard / Photononstop

Les Pétrifiés, par Carl Bucher au musée international de la Croix-Rouge et du Croissant Rouge.

plus partie du projet qu'il a mis en œuvre et, rejeté par sa société, quitte Genève qu'il ne reverra plus. Il est endetté pour 1 million de francs suisses de l'époque. Il part à Paris, vit d'expédients, dort sur les bancs publics, écrit des articles, lance un commerce douteux de pansements, crée une organisation semblable à la Croix-Rouge pour venir en aide aux blessés de la guerre de 1870 et de la Commune. Il fonde même un comité pour la Palestine qui préconise la création d'un double État, arabe et juif, sous la protection de Napoléon III. En février 1875, il est à l'origine d'un congrès international pour « l'abolition complète et définitive de la traite des nègres et du commerce d'esclaves » qui s'est tenu à Londres. À partir de là, sa trace se perd et c'est la légende qui prend le relais de la narration de sa vie. On sait seulement qu'il a voyagé à pied dans toute l'Europe, oublié de tous. On a retrouvé des témoignages de son passage en Alsace, en Allemagne, en Italie et en Grèce. Ce sont 18 ans d'errance et de misère. Jusqu'à ce qu'il échoue, en 1892, dans la chambre 12 de l'hôpital de la petite ville suisse de Heiden, au bord du lac de Constance.

Brisé, usé, paranoïaque, il essaye en vain d'écrire ses mémoires dans le but de réhabiliter son nom. Et puis, un jour de 1895, un jeune journaliste allemand, **Georg Baumberger**, le découvre à Heiden et écrit un article pour la gazette de la commune suisse de Saint-Gall. Mais l'article fait le tour des journaux européens.

LA RÉHABILITATION

Du jour au lendemain, l'homme que l'on croyait mort reçoit mille témoignages de sympathie. Et le 10 décembre 1901, Dunant reçoit le premier **prix Nobel de la paix**. Il meurt en 1910, à l'âge de 82 ans. Selon sa dernière volonté, son prix est utilisé pour qu'il y ait perpétuellement un lit disponible pour les indigents à l'hôpital de Heiden.

La **Journée mondiale de la Croix-Rouge et du Croissant-Rouge** est célébrée le 8 mai de chaque année, date anniversaire de la naissance d'Henry Dunant.

Trésors naturels du Léman

Situé à cheval entre la Suisse et la France, le **lac Léman**, ou **lac de Genève**, s'est constitué il y a 15 000 ans, à la suite d'un plissement tectonique et de la fonte de l'ancien glacier du Rhône qui a laissé derrière lui une cuvette où se déversent les **eaux du Rhône** et d'une multitude de rivières et de torrents qui dégringolent depuis les sommets des Alpes.

QUELQUES CHIFFRES

C'est le **plus grand lac alpin d'Europe centrale** (582 km^2) et l'un des plus profonds (310 m de profondeur maximum). Bien qu'il ne forme qu'un seul lac du point de vue géographique, on distingue généralement le **Petit-lac**, entre Genève et Yvoire (peu profond : 40 m en moyenne), le **Grand-lac**, la partie centrale qui s'étend de la pointe d'Yvoire à la Promenthoux, (d'une profondeur moyenne de 172 m), et le **Haut-lac**, la partie la plus orientale qui baigne Vevey et Montreux. Le Léman est un lac chaud – son volume trop important l'empêche de geler – et en hiver on enregistre la même température de 6 °C au fond et à la surface de l'eau. Une goutte d'eau apportée par le Rhône met 11 ans pour traverser le Léman avant de ressortir à Genève. Le long de ses 200 km de côtes, 70 ports (58 suisses et 12 français) accueillent plus de 20 000 bateaux : voiliers, barques de pêcheurs, bateaux à aubes, embarcations de croisière, vedettes et hors-bords sillonnent toute l'année les eaux paisibles de cette **Riviera suisse**. Le Léman subit des marées, mais elles ne sont pas très spectaculaires : à peine 4 mm, peut-être 5 les jours de pleine lune !

UNE EAU D'UNE TRANSPARENCE ÉTONNANTE

L'eau du Léman est si transparente qu'on peut voir distinctement les algues qui en tapissent le fond, même à plusieurs mètres de profondeur ! Mais cela n'a pas toujours été le cas. Au milieu des années 1970, le lac présentait des signes alarmants d'**eutrophisation** (un excès de nutriments dangereux pour la biodiversité). Ce déséquilibre avait entraîné la prolifération d'algues microscopiques en suspension dans l'eau, conséquence de l'augmentation de sa teneur en azote, carbone et phosphore. Très rapidement, un certain nombre de mesures ont été appliquées avec une extrême rigueur : élimination des produits de lessive à base de phosphates, interdiction de déverser des engrais dans le Léman et construction de nombreuses stations d'épuration le long de ses rives. Le résultat est là. Quand on entre dans l'eau à la **Baby-Plage** (*p. 29*), n'était le cygne qui vous dispute votre carré de sable, on se croirait (presque) au bord de la mer des Caraïbes!

UNE FAUNE PRIVILÉGIÉE

On pêche 1000 tonnes de poisson par an dans le lac Léman. Surtout des **perches** et des **corégones** (le nom officiel du **féra**), mais on trouve aussi des brochets, truites, ombles chevaliers, gardons, ablettes et carpes. Pas moins de 27 espèces de poissons nagent dans les eaux du lac. Mais un seul crustacé : l'**écrevisse**. Et une seule méduse (non urticante!).
Le lac Léman est aussi un site de très grande valeur ornithologique. Il fait partie des huit réserves protégées par la **Convention Ramsar** qui garantit la préservation de l'habitat des oiseaux aquatiques. Pas moins de 130 espèces vivent ici. Certains sont des oiseaux de passage, comme le petit **bécasseau standerling** que l'on voit parfois s'accorder une petite pause bien méritée dans son périple depuis sa Sibérie natale jusqu'à l'Afrique équatoriale (15000 km en tout!). D'autres prennent leurs quartiers d'hiver sur les bords du lac, comme le **fuligule morillon**, six mois à Genève, six mois en Russie.
La plupart sont sédentaires : le cygne est ici chez lui et vous le montre, les mouettes n'arrêtent pas de piailler, les goélands de râler, et puis il y a aussi les canards, les hérons, les cormorans, les foulques aux grands pieds... Ce sont des dizaines de milliers d'oiseaux l'été, rejoints par 150 000 autres dès l'arrivée des premiers froids.

Nature in stock / hemis.fr

Harle bièvre, canard du lac Léman.

UN TERRAIN D'ÉTUDE SCIENTIFIQUE

Le lac Léman est à l'origine d'une discipline scientifique très pointue : la **limnologie**. C'est l'étude des phénomènes physiques et biologiques relatifs aux eaux continentales (lacs, étangs, marécages, rivières...) dont les travaux sont d'une importance primordiale pour définir la qualité des milieux environnementaux aquatiques.

Le chocolat

« Neuf personnes sur dix aiment le chocolat, la dixième ment. » C'est en Suisse que la célèbre citation de l'auteur américain John Tullius se vérifie plus qu'ailleurs : avec une consommation annuelle de **12 kg par habitant** (1 kg par mois, deux fois la consommation des Français), la Suisse détient la première place du classement mondial pour la consommation de chocolat, ex-aequo avec l'Allemagne. Il est étonnant que ce soient précisément les Suisses qui aient rencontré un tel succès avec leur chocolat, alors qu'ils ne produisent aucune des matières premières qui le composent et qu'ils ont dû importer le **cacao** et le sucre à un coût relativement élevé. Ils y sont quand même parvenus, et c'est grâce à leur exigence de qualité, qui demeure encore aujourd'hui la recette de leur succès...

UNE BOISSON EXOTIQUE

Vers 600 apr. J.-C., les Mayas et les Aztèques plantaient déjà du cacao dont ils broyaient les fèves pour fabriquer une boisson nourrissante, le **« Xocolatl »** (eau amère). Cette eau amère était tellement prisée en Amérique centrale que les fèves du cacaoyer y étaient utilisées comme monnaie d'échange.

Au 16e s., le conquistador **Hernàn Cortés** rapporte la fève de cacao de l'un de ses voyages dans le **Nouveau Monde**. À la cour d'Espagne, on raffole de cette nouvelle boisson que l'on prépare bien épaisse et sirupeuse, comme celui que l'on boit encore aujourd'hui dans les cafés de Madrid. La France découvre le chocolat en 1615, à l'occasion du mariage de l'infante espagnole Anne d'Autriche avec Louis XIII à Bayonne. On raconte d'ailleurs que l'infante aurait consenti à ce mariage à la seule condition d'emporter avec elle son chocolat, préparé exclusivement par ses caméristes espagnoles. Très vite, le cacao devient la boisson de luxe par excellence, prisée des **aristocrates européens** qui aiment que l'on y ajoute des épices et du miel. En 1679, le maire de Zurich, **Henri Escher**, goûte avec délice sa première tasse de chocolat chaud à Bruxelles et décide d'en rapporter la recette en Suisse. Mais le Conseil de la ville veille et la cité protestante interdit la consommation du cacao considéré comme **aphrodisiaque**.

Miam miam !

*La spécialité chocolatière de Genève est le **pavé de Genève**, représentation miniature des pavés de la **place du Molard**. Laisser fondre dans la bouche ce pavé glacé de chocolat fondant enrobé de poudre de cacao amer fait partie des expériences à vivre au moins une fois. Bien entendu le secret de la recette est bien gardé. Elle a été inventée en 1936 par un certain **Stankovich**, employé de la chocolaterie Rohr qui se trouvait, justement, place du Molard.*

Les Suisses devront attendre encore plus d'un siècle pour voir l'ouverture de la première boutique à Berne en 1792. Le chocolat à boire commence à gagner des adeptes dans toutes les classes sociales, ce qui a comme conséquence d'être abandonné par les aristocrates trop snobs pour s'intéresser à une boisson devenue populaire, à laquelle ils préfèrent le thé et le café.

UNE SPÉCIALITÉ SUISSE

Dans les premières années du 19e s., le chocolat « solide » commence à faire son apparition dans les foires d'Italie du Nord. Les producteurs ambulants appelés *cioccolatieri* en proposent sous forme de gros pains que l'on coupe en tranches, plus faciles à transporter que le chocolat liquide. C'est pendant un voyage à Turin que le jeune Suisse **François-Louis Cailler** le découvre. C'est une révélation. Cailler a 18 ans, il a trouvé sa voie. Il décide de consacrer sa vie à cette denrée nouvelle. Il entre comme apprenti pendant 4 ans dans la fabrique de chocolat Caffarel de Turin, l'une des plus anciennes fabriques de chocolat de l'histoire, pour s'initier à tous ses secrets. De retour à Vevey en 1819, il monte la première fabrique de chocolat suisse : le chocolat Cailler.
Il est le premier à proposer du chocolat sous forme de **plaquette**. À partir de là, les chocolatiers suisses vont rivaliser d'imagination afin d'innover et de trouver de nouvelles saveurs. **Philippe Suchard** crée, en 1826, le broyeur de fèves à rouleaux,

assalve / iStock

Les chocolats suisses : un délice !

qui permet l'obtention d'une pâte de cacao plus raffinée. En 1830, **Charles-Amédée Kohler** invente le chocolat aux noisettes. La découverte la plus marquante reste l'invention du chocolat au lait par **Daniel Peter** et **Henri Nestlé**, en 1875. Quant à **Rodolphe Lindt**, il invente en 1879 la conche, machine à malaxer pour l'obtention d'un chocolat fondant dit « surfin ». L'industrie chocolatière suisse est née. Aujourd'hui en Suisse, 4 500 personnes travaillent dans 18 fabriques qui exportent 120 000 tonnes de chocolat dans le monde entier. Les clients les plus fidèles sont depuis toujours les Allemands : à eux seuls, ils représentent plus de 20 % de l'ensemble des exportations.

A

Achats 104
Activités sportives 104
Aéroport 5, 106
Agenda 116
Ambassades.......................102
Argent 101
Arve (rivière) 69
Auberges de jeunesse 105
Autocar 100
Avion 101

B

Baby-Plage 29, 69
Bains des Pâquis 46, 47, 66, 68, 69, 77, 92
Bars à cocktail 80
Bâtiment d'Art Contemporain (BAC) 40
Bâtiment des Forces Motrices (BFM)...................44
Bed and Breakfast 105
Bible 65, 124
Bibliothèque universitaire..........25
Bois de la Bâtie 43
Boissons 109
Brunswick, duc de............. 25, 46
Budget...........................101
Bus 110

C

Cabinet d'Arts graphiques 35
Cafés 80
Calvin, Jean 122, 125
Calvinisme.......................125
Carouge......... 59, 72, 78, 79, 83, 84, 88, 93, 97, 120, 125
Casino 93
Cathédrale St-Pierre................16
- Chapelle des Macchabées 17
- Crypte archéologique 17
- Tour Nord..........................17

Centre d'art contemporain 41
Centre de la photographie 43
CERN 66, 130
Château de Penthes 56
Chocolat 109, 136
- Pavé de Genève 136

Chocolaterie......................83
Cimetière des Rois 44
- Tombe de Calvin....................44

Climat...........................102
Club 68, 80, 90, 92
Cologny...........................64
Congrès de Vienne 128
Conservatoire botanique............56
Conservatoire de Musique...........25
Consulats........................105
Couteau suisse................ 87, 109
Croisières sur le Léman et le Rhône 68, 108, 115, 134
Croix-Rouge 23, 50, 55, 78, 119, 121, 129, 132, 133

D

Domaine de Penthes 56
Dunant, Henry 55, 58, 119, 132, 133

E

Eaux-Vives, quartier des 28
Église
- Église Russe 35
- Église Sainte Trinité 47
- Église St-Germain...................23

Électricité 105

F

Farel, Guillaume..................122
Fazy, James 32, 121, 123
Féra (poisson) 75, 135
Fête de l'Escalade................117
Fondation
- Fondation Baur......................35
- Fondation Bodmer...................64

Fonds municipal d'art contemporain (FMAC) . . . 48
Formalités d'entrée . . . 100
Frankenstein . . . 38, 67, 69
Fromage . . . 109

G

Galeries d'art
- Andata Ritorno . . . 40
- Bernard Ceysson . . . 40
- Blondeau & Cie . . . 40
- Centre d'édition contemporaine . . . 40
- Cramer . . . 40
- Skopia . . . 40
- Xippas . . . 40

Gare Cornavin . . . 5
Genève . . . 120, 122
Globe de la science et de l'innovation (CERN) . . . 66
Grand Théâtre . . . 25

H

Haut-Commissariat des Nations Unies aux droits de l'homme . . . 47, 129
Hébergement . . . 94, 105
Horaires . . . 106
Horlogerie . . . 126
Hôtel de ville . . . 23
Hôtel Longemalle . . . 27

I

Internet . . . 106

J

Jardins
- Jardin anglais . . . 28
- Jardin botanique . . . 56

Jet d'eau . . . 28, 30, 97, 115
Jet d'Eau . . . 28
Jetée des Eaux-Vives . . . 29
Jetée des Pâquis . . . 46
Jonction, La . . . 43
Jours fériés . . . 106

L

La Clarté (immeuble) . . . 37
Lac Léman . . . 68, 134
Le Corbusier . . . 37
Les Schtroumpfs (immeuble) . . . 48
Lindt, Rodolphe . . . 137
Liotard, Jean-Étienne . . . 126
Location chez l'habitant . . . 106
Location de bateaux . . . 104
Luther, Martin . . . 124

M

Maison de Rousseau et de la Littérature . . . 22
Maison Tavel . . . 21
Marchés . . . 107
Médias . . . 107
Médiathèque du FMAC . . . 48
Monnetier-Mornex . . . 62
Monument . . . 46
Montre-bracelet . . . 127
Mont-Salève . . . 62
Mouettes genevoises . . . 112
Mur des Réformateurs . . . 24
Musées . . . 107
- Musée Ariana . . . 53
- Musée Barbier-Mueller . . . 21
- Musée d'Art et d'Histoire . . . 32
- Musée d'Art moderne et contemporain (MAMCO) . . . 40
- Musée d'Ethnographie de Genève (MEG) . . . 43
- Musée des Suisses dans le monde . . . 56
- Musée Fondation Zoubov . . . 23
- Musée international de la Croix-Rouge et du Croissant-Rouge . . . 55
- Musée international de la Réforme . . . 21
- Musée Jean-Jacques-Rousseau . . . 25
- Musée Rath . . . 25
- Musée Voltaire . . . 48
- Muséum d'histoire naturelle . . . 37
- Patek Philippe Museum . . . 38

N

Nestlé, Henri....................137
Notre-Dame-de-Salève 62

O

Office des Nations
Unies (ONU) 129
Offices de tourisme 107
Opéra des Nations 25

P

Palais des Nations..................50
Palais Wilson 47
Pâquis, Les 46
Parapente 63, 104
Parcs
- Parc Barton 58
- Parc La Grange..................... 29
- Parc de La Perle du Lac 58
- Parc des Bastions.................. 24
- Parc des Eaux-Vives................ 30
- Parc Mon Repos 58
- Parc Moynier 58
- Parc William Rappard............... 56

Pass touristique...................108
Patek, Philippe....................126
Personnes handicapées............108
Petitot, Jean.......................126
Places
- Place de la Fusterie 27
- Place de Longemalle 27
- Place de Neuve..................... 25
- Place des Nations.................. 50
- Place des Pêcheurs 29
- Place du Bourg-de-Four 16
- Place du Molard 27, 136

Plages
- Baby-Plage........................ 135
- Genève-Plage................... 29, 69
- Tropical Corner................. 29, 69

Plaine de Plainpalais................38
Plainpalais.........................38
Ponts
- Pont des Bergues................... 26
- Pont de l'Île 26
- Pont de la Jonction 43
- Pont de la Machine................. 26
- Pont du Mont-Blanc 26, 46

Poste 108
Promenade de La Treille 24
Promenade du lac....................28

Q

Quartier des Bains 13, 38, 40, 48
Quartier des Nations 50

R

Rafting.......................... 69, 104
Réforme...................... 122, 124
Restauration................... 72, 108
Rhône..............................69
Rive gauche 28
Rousseau, Jean-Jacques 9, 22,
24, 123
Rues
- Grand'Rue 22
- Rue de la Confédération 26
- rue de la Croix-d'Or 26
- Rue de Rive 26
- Rue des Granges 22
- Rue du Marché...................... 26
- Rue du Rhône....................... 26

S

Salle de concerts............... 90, 93
Santé 102
Shopping...........................84
Sissi.................... 28, 46, 47, 69
Ski nautique 68, 104
Société des nations.... 47, 51, 121, 123
Souvenirs..........................109
Stationnement......................109
Suchard, Philippe 137
Swatch.............................127
Synagogue 26

T

Tabac 110
Taxi 110
Téléphérique du Salève 63
Téléphone 110
Théâtre 25, 46, 90, 93
Tour du Molard 27
Train 100
Tramway 110
Tranchées, quartier des 32
Transports en commun 5, 110
- Geneva Transport Card 5

Transports régionaux 112

U

Université 25

V

Vélo 114
Victoria Hall 26
Ville Haute 16
Visites guidées 114
Voiture 100, 106

W

Windsurf 105

Crédits photographiques p. 6-7

(de gauche à droite et de haut en bas)

D. Hyniewska / age fotostock
carmebalcells / iStock
G. Lansard / Photononstop
Rosseforp/imageBROKER / age fotostock
diegobib / iStock
J.-B. Rabouan / hemis.fr
Fondation Martin Bodmer, Cologny (Genève)
Zozulya / iStock

Comprendre les symboles du guide

★★★ Vaut le voyage ★★ Mérite un détour ★ Intéressant

Hôtels et restaurants

9 ch.	Nombre de chambres
bc	Menu boisson comprise
	Paiement par cartes de crédit
	Cartes de crédit non acceptées
	Air conditionné dans les chambres
	Restaurant dans l'hôtel
	Établissement servant de l'alcool
	Piscine

Symboles dans le texte

	Pour approfondir
	Facilité d'accès pour les handicapés
	Astuce, conseil
	Adresse coup de cœur
A2 B	Repère sur le plan

Cartes et Plans

MONUMENTS ET SITES

	Église
	Temple
	Synagogue
	Mosquée
	Calvaire - Fontaine
	Rempart - Tour - Porte
	Vue
	Table d'orientation
	Fort - Grotte

INFORMATIONS PRATIQUES

	Informations touristiques
	Parking - Parking relais
	Tramway - Métro
	Gare : ferroviaire, routière
	Téléphérique, télécabine
	Funiculaire, voie à crémaillère
	Chemin de fer touristique
	Poste - Marché couvert
	Transport de voitures et passagers
	Transport de passagers

AXES ROUTIERS, VOIRIES

	Autoroute ou assimilée
	Rue piétonne
	Rue impraticable, réglementée
	Escalier
	Sentier
B F	Bac passant voitures et passagers
	Pont mobile

SPORTS ET LOISIRS

	Piscine : de plein air, couverte
	Stade
	Hippodrome
	Port de plaisance

ABRÉVIATIONS ET SIGNES PARTICULIERS

H	Hôtel de ville
J	Palais de justice
M	Musée
P	Préfecture, sous-préfecture
POL.	Police
T	Théâtre

Collection Le Guide Vert sous la responsabilité de Philippe Orain

Édition	Amaury de Valroger, Archipel studio
Rédaction	Sophie Lhéraud, Nathalie Rouveyre-Scalbert, Maura Marca, Cécile Gall-Bouche, Fabienne Gégot, Laurent Gontier, Damienne Gallion, Vincent Noyoux, Jérôme Saglio, Philippe Vouillon
Cartographie	Géraldine Deplante, Denis Rasse, Florica Paizs, Sandrine Tourari, Thierry Lemasson, Daniel Duguay Plans de ville : © MICHELIN et © 2006-2014 TomTom. All rights reserved. This material is propritary and the subject of copyright protection, database right protection and other intellectual property rights owned by TomTom or its suppliers. The use of this material is subject to the terms of a license agreement. Any unauthorized copying or disclosure of this material will lead to criminal and civil liabilities.
Relecture	Archipel studio
Remerciements	Didier Broussard, Maria Gaspar, Pascal Buchs, Anne Valenti de Riedmatten, Mélanie Exquis, Sylvie Dricourt, Estelle Nikles Van Osselt, Anne-Joëlle Nardin, Anita Halasz, Anne Niederoest
Conception graphique	Laurent Muller (couverture et maquette intérieure)
Régie publicitaire et partenariats	business-solutions@tp.michelin.com *Le contenu des pages de publicité insérées dans ce guide n'engage que la responsabilité des annonceurs.*
Contacts	Michelin Guides Touristiques 27 cours de l'Île Seguin, 92100 Boulogne Billancourt Service consommateurs : tourisme@tp.michelin.com Boutique en ligne : www.michelin-boutique.com

Parution 2016

Michelin Travel Partner
Société par actions simplifiées au capital de 11 288 880 EUR
27 Cours de l'Ile Seguin - 92100 Boulogne Billancourt (France)
R.C.S. Nanterre 433 677 721

Dépôt légal : 03-2016 – ISSN 0293-9436
Imprimeur : Geers Offset, Gent (Belgique)
Imprimé en Belgique : 03-2016

Usine certifiée 14001
Sur du papier issu de forêts gérées durablement (100 % PEFC)